BREVE HISTORIA DEL KUNG-FU

BREVE HISTORIA DEL KUNG-FU

William Acevedo
Carlos Gutiérrez
Mei Cheung

nowtilus

Colección: Breve Historia
www.brevehistoria.com

Título: Breve historia del kung-fu
Autor: © William Acevedo
© Carlos Gutiérrez
© Mei Cheung

Copyright de la presente edición: © 2010 Ediciones Nowtilus, S.L.
Doña Juana I de Castilla 44, 3º C, 28027 Madrid
www.nowtilus.com

Diseño y realización de cubiertas: Nicandwill
Diseño del interior de la colección: JLTV

ISBN-13: 978-84-9763-780-0
Fecha de edición: marzo 2010

Printed in Spain
Imprime: Estugraf Impresores S.L.
Depósito legal: M-4046-2010

De William y Mei,
a nuestro hijo Ethan,
aprecia la riqueza cultural
que has heredado.
A nuestros padres,
por todos los sacrificios
que habéis realizado
para ayudar a vuestros hijos.

De Carlos,
a Nuria, por su paciencia.
A mis familias,
porque siempre están cerca.

Agradecimientos

Los autores desean agradecer a Stanley E. Henning el tiempo que desinteresadamente ha dedicado a compartir con ellos sus grandes conocimientos sobre el kung-fu y la cultura china. Sus trabajos han sido y seguirán siendo un referente para cualquier estudioso de las artes marciales. A Brian Kennedy, Elizabeth Guo, Dennis Rovere y Joseph Svinth porque además de ser grandes investigadores contamos con su amistad y apoyo. A los profesores Andrew D. Morris, Ma Lianzhen, Ma Mingda, Meir Shahar y Marc Theeboom por su colaboración en la localización y acceso a documentos. A Allan Ellerton por permitir que usemos parte de su material fotográfico y literario para este libro, y a Dan Miller por ayudarnos en la localización de fuentes en Internet. Al maestro Willy Lin por compartir sus conocimientos, recuerdos y amistad. A Alyssa Velivlis, André Ricardo Mandelli Pinho, Ben Bligh, Chris Chandler, Chris De Veer, Daniel M. Shih, Dennis Deng, Emily Harlow, Federico Meza, John Zhu, Rajvir Singh, Steve Miller y Steve Webel por cedernos sus fotografías. Finalmente, a Santos Rodríguez por lanzarnos el reto de elaborar esta obra y a José Luis Ibáñez por hacer del proceso de elaboración del original una experiencia tremendamente enriquecedora.

Índice

Introducción

Confortablemente sentados en sus butacas, miles de espectadores asisten al estreno de las últimas películas de las estrellas del kung-fu Jackie Chan o Jet Li. Pronto estarán disponibles en formato digital y podrán volver a verlas en la comodidad de sus hogares, junto con la habitual oferta televisiva de series, programas, películas y anuncios en la que aparece el kung-fu como elemento principal o secundario. Los jóvenes de la casa, e incluso los mayores, pasarán buenos ratos delante de la videoconsola compitiendo en uno de los superabundantes juegos de combate tipo *Tekken* o *Virtual Fighter*, en los que ineludiblemente aparecerán personajes asiáticos expertos en artes marciales.

Para los amigos de un entretenimiento más activo, en la ciudad hay varias asociaciones y gimnasios que ofertan clases de estilos de kung-fu como *tai chi chuan*, *xingyi quan*, *wing chun* o *choy lee fut*, en las que participan desde niños de tres años a animosos octogenarios. Durante el verano, algunos de estos esforzados practicantes realizan un viaje de «turismo marcial» a China, donde tendrán la oportunidad de entrenar en escenarios históricos con los grandes maestros del estilo que practican. También pueden participar en competiciones deportivas, exhibiciones, cursos y eventos culturales. Además de la propia práctica, los interesados tienen a su disposición todo tipo de materiales complementarios: zapatillas, vistosos trajes de entrenamiento, ropa deportiva con motivos marciales, equipamiento de seguridad, armas reales y de imitación, libros, DVD…

Indudablemente, el kung-fu es hoy en día un potente y atractivo objeto de consumo global del que disfrutan millones de personas, que capta miradas y evoca sueños de invencibilidad en los profanos. Pero, ¿qué es el kung-fu?

Kung-fu es el término que popularmente identifica en Occidente a las artes marciales de origen chino, tanto aquellas que se practican a manos desnudas como aquellas en las que se utilizan armas antiguas o de inspiración antigua como espadas, lanzas, cuchillos, bastones, cadenas, etc. Dentro del kung-fu existen infinidad de estilos, algunos tan conocidos como el anteriormente citado *tai chi chuan* (o *taiji quan*, siguiendo la romanización *hanyu pinyin* —abreviadamente *pinyin*, esto es, la transcripción al alfabeto latino de los complejos caracteres del chino mandarín— que utilizaremos por lo general en este libro), y otros que aún a principios del siglo XXI apenas son conocidos fuera de determinadas zonas de China. Letal, místico o impresionantemente acrobático, el kung-fu es actualmente una de las principales exportaciones culturales chinas.

Históricamente, la popularización del término *kung-fu* como sinónimo de «artes marciales chinas» se produjo en la década de los setenta, gracias a la famosa serie televisiva *Kung-fu* y a las películas de acción de Hong Kong, para asentarse en el imaginario colectivo como exóticos sistemas gimnásticos y de combate chinos. Sin embargo, la traducción literal de *kung-fu* (habitualmente romanizado como *gong fu*, término que aquí no utilizaremos por ser mucho menos conocido) es «logro humano», significando cualquier habilidad —no únicamente marcial— adquirida a lo largo del tiempo gracias a la disciplina, el esfuerzo y la perseverancia. Una notable bailarina, por ejemplo, tiene un buen *gong fu*, y desde luego es necesario un buen *gong fu* para lograr la maestría en las artes marciales.

En su larga evolución, los términos empleados para designar el kung-fu han sido muy numerosos, al igual que han cambiado las motivaciones por las que este se ha practicado, ganando o cambiando sus significados —técnicas de supervivencia, bélicas, orientadas a la salud, el entretenimiento o la autorrealización— según cada momento histórico. Durante la dinastía Zhou (c. 1100 - 256 a. C.), por ejemplo, existían danzas armadas de tipo militar (*wu wu*) que practicaban las tropas chinas como medio de entrenamiento. En el periodo de los Reinos Combatientes (476 - 221 a. C.), el kung-fu era conocido como *ji ji* (habilidades de ataque), mientras que durante la dinastía Han (202 a. C. - 220 d. C.) el término *bo* se empleó para referirse a las técnicas de combate sin armas. Durante la dinastía Song del Sur (1127 -1279), el término *xiang pu* describía la lucha cuerpo a cuerpo «abrazada» —esto es, con agarres constantes sobre el cuerpo del adversario—, y con el tiempo este término evolucionaría hasta el actual *shuai jiao*. Hacia 1225, las técnicas de golpeo sin armas se denominaban *shiquan* («combate sin armas»), término que las diferenciaba de la lucha cuerpo a cuerpo abrazada, mientras que *quanfa* («método de boxeo») fue el término utilizado generalmente durante la dinastía Qing para referirse a las técnicas de «boxeo chino» basadas fundamentalmente en golpes con las extremidades superiores e inferiores. Actualmente, términos como *wushu, sanda, sanshou, guoshu*, etc., están plenamente vigentes, llegando a confundir tanto al practicante como al investigador, que se encuentran frente a una maraña de denominaciones difícil de desentrañar en la que los intereses particulares y el afán de diferenciación de personas e instituciones juegan un importante papel. Como poéticamente señalaba Jet Li en su papel de Sin Nombre en la exitosa película de kung-fu *Hero* (2002), enfatizando la estrecha relación entre lo marcial *(wu)* y lo intelectual *(wen)*.

> Hay diecinueve formas de escribir esa palabra [espada]. Yo quise que la escribiera de una manera diferente a todas. Tanto la espada como la caligrafía dependen de la fuerza y el espíritu. La vigésima forma escondía la esencia de la espada.

Si a este complejo panorama añadimos las dificultades de romanización de los caracteres chinos, no es extraño que hayan existido importantes dificultades teóricas y técnicas para el estudio de la historia del kung-fu, tanto fuera como dentro de China. La evolución del kung-fu se ha explicado habitualmente mediante hermosas leyendas carentes de fundamento histórico, mientras que en otras ocasiones un fundamento histórico real ha sido exagerado y deformado para ensalzar la importancia de algunos hechos, personajes, estilos o ideas políticas frente a sus rivales. Afortunadamente, cada vez con mayor frecuencia aparecen estudios académicamente rigurosos sobre el kung-fu, que lejos de destruir su encanto nos hacen disfrutar de la complejidad y riqueza de la cultura marcial china. En este libro trataremos de conjugar la innegable belleza de las leyendas del kung-fu con su realidad histórica y situar ambos ámbitos en una justa dimensión porque, si bien es cierto que el hombre prefiere una bella mentira a cien verdades grises, no es menos cierto que el conocimiento de la historia nos

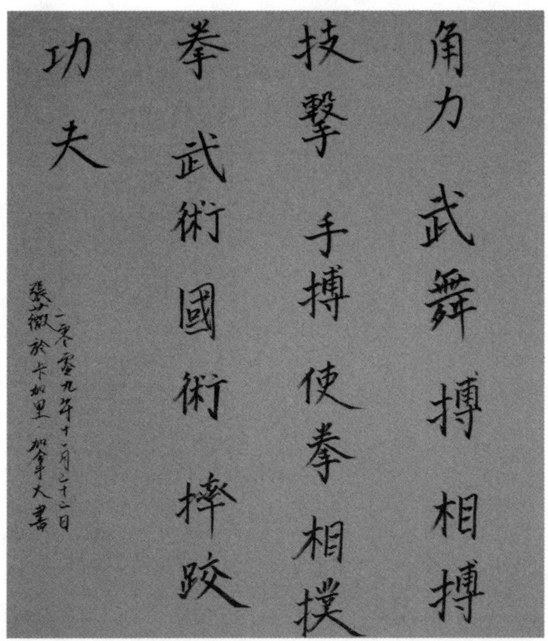

Caracteres chinos alusivos a las artes marciales, escritos
a la manera tradicional (es decir, en columnas que se
leen en sentido descendente y de derecha a izquierda).
Primera columna, caracteres de *Jiao Li*, *Wu Wu*, *Bo* y
Xiangbo. Segunda columna, caracteres *Ji Ji*, *Shoubo*,
Shi Quan, *Xiangpu*. Tercera columna, caracteres *Quan*,
Wu Shu, *Guo Shu* y *Shuai Jiao*. Cuarta columna, *Gong Fu*
(Kung-Fu) y fecha y firma de la autora, Mei Cheung.

permite ubicarnos y ser más conscientes y libres.
Como autores, esperamos que este libro sirva para
inspirar a los lectores a profundizar en los temas que se
presentan y de este modo ayudar a que la práctica del
kung-fu retorne una vez más a sus raíces clásicas de
estudios marciales (*wu xue*), donde lo marcial y lo intelectual se complementan mutuamente.

1

El legado milenario del kung-fu

La Edad de Piedra

Las artes marciales se originan con el propio hombre. Desde el momento en que nuestros ancestros tomaron un palo para defenderse o lograr alimento puede decirse que las artes marciales iniciaron su larga evolución. De hecho, como señala el historiador estadounidense Robert E. Dohrenwend, la lanza es posiblemente el arma más antigua que los hombres fabricaron intencionalmente. La lanza es un instrumento formidable que gracias a su alcance, letalidad y simplicidad permitió a los primeros humanos cazar y recolectar alimentos tanto en el medio terrestre como acuático, así como defenderse de los grandes depredadores para los que eran indudablemente una presa fácil. En la provincia de Yunnan, en el sur de China, se han descubierto pinturas prehistóricas en las que se observan dos figuras humanas luchando contra animales. Una de las figuras sostiene un palo en cada mano y parece buscar la ayuda de sus congéneres. También se han encontrado pinturas similares en otros lugares de China, mostrando grupos humanos organizados, armados con palos, preparando una emboscada durante una cacería.

Muchos de los útiles de piedra, hueso o cuerno del Paleolítico (c. 1,7 millones - 10000 a. C.) también pueden considerarse elementos de una primitiva cultura marcial. Diversas prospecciones arqueológicas realizadas en China han sacado a la luz restos humanos con una antigüedad aproximada de un millón setecientos mil años. En estos yacimientos se han encontrado herramientas y armas de piedra como cuchillos, puntas de lanzas o afiladores. Más que exclusivamente un arma, parece que estos útiles eran instrumentos polivalentes utilizados en diversos ámbitos de la vida cotidiana.

Durante el Neolítico (c. 7500 - 2100 a. C.) se perfeccionan y diversifican las técnicas de elaboración de herramientas. Las armas de piedra y hueso logran mejores filos, y con ello se hacen más eficientes para la caza. Igualmente, cabe suponer que los elementos no materiales asociados a la misma, como las estrategias y técnicas de caza, experimentarían una gran evolución. En la provincia de Yunnan existen pinturas rupestres neolíticas representando cacerías en las que pueden distinguirse técnicas de ataque específicas, como clavar desde una posición superior (*zha*) y clavar desde una posición frontal (*ci*). Más adelante estas mismas técnicas y herramientas se utilizarían en la guerra.

La utilización de piedras pulimentadas también fue característica durante la Prehistoria china. Estas armas se utilizaban para atacar a distancia, y su antigüedad ha llegado a estimarse en hasta setecientos mil años. Muchas de estas piedras se han descubierto en la provincia de Shaanxi, en el centro noroccidental del país. Las piedras mas grandes pesan entre 1,5 y 2 kg, las medianas entre 0,5 y 1,5 kg, y las pequeñas varían entre 0,5 kg y 90 g. Estas piedras fueron recogidas en ríos y volcanes, y posteriormente se pulieron a mano por fricción con otras piedras. Los diseños que presentan son diversos, desde la simple piedra pulida hasta una piedra atada con una cuerda, o un palo con una cuerda a la que se ataba la piedra. En ocasiones, la cuerda se ataba al brazo con el objeto de poder recuperarla fácilmente. La progresiva implantación de la agricultura y de la ganadería, así como la invención de armas más eficaces para atacar a distancia, hicieron que muchas de estas primitivas armas cayesen en desuso.

Una de estas armas «modernas» fue el tándem arco-flecha. En la provincia de Shaanxi se han encontrado puntas de flecha de hace aproximadamente treinta mil años. El arco-flecha es una de las formas más perfeccionadas de arma antigua de lanzamiento. Así, los primeros humanos descubrieron con las piedras el concepto de *lanzar*, aplicándolo posteriormente a la fabricación de las primeras lanzas arrojadizas, que a su vez sirvieron como punto de partida para la invención del arco y la flecha. Los inventores del arco-flecha también utilizaron anillos de hueso para protegerse el dedo pulgar cuando disparaban.

El arco-flecha fue el antecesor de la ballesta y su complejo mecanismo de disparo, y también del tirachinas chino —un tipo de arco que disparaba piedras en lugar de flechas—. Existe la hipótesis de que las primeras ballestas aparecieron en China durante el Neolítico. En el yacimiento arqueológico de Miaotigou (provincia de Henan, en el centro-este de China) perteneciente a la cultura Yangshao (c. 5000 - 2000 a. C.), se han descubierto restos de lo que parecen ser partes de ballestas. Estas ballestas rudimentarias serían similares a las que aún hoy utiliza la minoría tulong, en la provincia de Yunnan.

La aplicación de las armas y de las técnicas de caza al enfrentamiento con otros grupos humanos marca un momento trascendental en la evolución de las artes marciales. Existen evidencias de estos enfrenta-

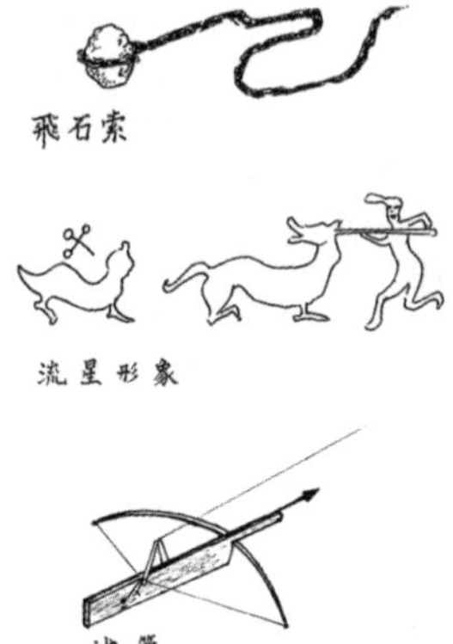

Representación de diversas armas de la Edad de Piedra. De arriba abajo: bola de piedra con cuerda (*fei shi huo*); pintura prehistórica encontrada en la provincia de Sichuan en la que se aprecia una cacería y el uso de bolas de piedra; reconstrucción de lo que pudieron ser las primeras ballestas. Basado en el libro de Lin Bo Yuen *Zhongguo Wu Shu Shi* [*Historia de las artes marciales chinas*].

mientos ya en el Neolítico; en Dadunzi (condado de Peixian, provincia de Jiangsu), en Beihoulin (condado de Baoji, provincia de Shanxi), y en otros lugares de China se han encontrado restos humanos con heridas y fracturas causadas por armas que así lo atestiguan. Durante esta transición se descubre que las herramientas y armas para cazar no satisfacen los requerimientos del campo de batalla debido a las peculiares características del enfrentamiento de hombres contra hombres. Pronto se desarrolla un abundante arsenal bélico: armas arrojadizas como la flecha, la lanza o las bolas de piedra; armas para el uso a corta distancia como el palo, el martillo de guerra, la lanza de mano y el escudo; y finalmente el cuchillo como arma para la defensa personal. A pesar de que no se han hallado escudos o armaduras tan antiguos, se cree que los primeros escudos se fabricaron con fibras vegetales tejidas de manera compacta, y también con madera y cuero. Algunos ejemplos de lo que pudieron ser estos tipos de escudo se han encontrado recientemente en el grupo étnico yemei, en la isla taiwanesa de Lanyu.

En la Edad de Piedra, es decir, en el Paleolítico y en el Neolítico, el aprendizaje de las técnicas de caza y de guerra se basaba en la observación y en la experiencia directa con la actividad. Durante estos periodos no existían algo así como escuelas dedicadas a la educación de sus miembros, y la transmisión oral y la práctica de los conocimientos pasaba de generación a generación principalmente en el propio contexto de la actividad. No obstante, estos grupos humanos también transmitían sus conocimientos mediante representaciones simbólicas. Tal es el caso de las danzas imitativas de tipo religioso, muchas de las cuales estaban inspiradas en la caza y en la guerra. Estos ritos se caracterizaban por la creencia en lo sobrenatural, ya que el hombre se encontraba inmerso en un mundo cuyas leyes aún no comprendía.

Nuestros ancestros, que creían que danzar imitando animales les serviría para atraerlos al territorio de la tribu, realizaban con toda probabilidad danzas que anticipaban soluciones satisfactorias a situaciones de caza o de guerra. Estas danzas rituales se llevaban a cabo antes de las expediciones. Además de su significado religioso, las danzas tenían un carácter utilitario, y es que los gestos imitativos realizados durante las danzas transmitían y recordaban tanto a los actuantes como a los espectadores los conocimientos técnicos y tácticos de las artes de la caza y de la guerra. Otro aspecto importante que comenzó a evolucionar desde la Edad de Piedra, y que con el tiempo llegaría a formar parte del kung-fu, fue lo relativo a las técnicas médicas para hacer frente a los accidentes y lesiones sufridas en estas peligrosas actividades. Así, los tratamientos básicos para reducir fracturas, hemorragias y lesiones similares se habrían descubierto en este pasado distante.

Los orígenes mitológicos

El origen de las artes marciales chinas también puede buscarse en los relatos mitológicos. Según las leyendas, en tiempos de Fu Xi (c. 2800 a. C.) la gente peleaba con mazas de madera para elegir a sus líderes. Fu Xi fue el primero de los Tres Augustos y Cinco Emperadores de la antigua China y, según la mitología, es el ancestro de la humanidad. Inventó la escritura, la pesca y la caza, y logró imponer en los hombres un cierto orden civilizador.

Fu Xi antecedió en el tiempo a Chi You, de quien se dice que fue el creador de las armas de metal, entre las cuales figura el gancho *(ge),* la lanza *(mao)* o la alabarda *(ji).* Chi You y su ejército combatieron a las huestes del mítico Emperador Amarillo (Huang Di) en la legendaria batalla de Zhuolu (c. 2700 a. C.). Las tropas de Chi You estaban armadas con alabardas, lanzas y dagas (*xiao dao*), y ambos líderes utilizaron sus poderes mágicos invocando todo tipo de bestias, seres mitológicos y fenómenos atmosféricos para decantar la batalla a su favor. Al final, Huang Di logró la victoria utilizando el «carro que apunta al Sur»» *(zhi nan che)* —un carro de dos ruedas dotado de un ingenioso mecanismo de orientación no magnético, cuya invención se atribuye al propio Huang Di—, que le permitió guiar a su ejército a través de una densa niebla conjurada por Chi You. Dos espadas mágicas forjadas por él mismo sirvieron a Huang Di para dar muerte a Chi You, cuya cabeza fue separada y enterrada lejos de su cuerpo para evitar males posteriores.

Con todo, y en virtud de su habilidad en la fabricación de armas de metal, Chi You fue elevado a la categoría de dios de la guerra y reverenciado como tal desde entonces. Las leyendas también cuentan que Chi You tenía una apariencia aterradora. Sus orejas se asemejaban a espadas y su cabeza estaba adornada con

Ilustración de lucha china (*jiao di*), basada en un ornamento de bronce de la dinastía Han (202 a. C. - 220 d. C.).

cuernos con los que golpeaba a sus enemigos. Se dice que esto último es el origen del *jiao di*, una forma lúdica de combate en la que los participantes se golpeaban unos a otros utilizando un casco con cuernos de buey. El *jiao di*, a su vez, sería el antecesor de la lucha china (*shuai jiao*), una forma de combate basada en proyecciones similar al judo.

La Edad del Bronce

La dinastía Xia (c. 2100 - 1600 a. C.) —la primera de las dinastías históricas chinas— define un momento de transición entre las culturas neolíticas y las culturas del metal. El historiador chino Yang Hong, del Instituto de Arqueología de Pekín, señala que durante este periodo aparecen armas hechas de bronce como la daga-hacha *(ge),* la hachuela *(qi),* el hacha de batalla *(yue),* los sables anchos *(da dao),* el *chuo* —un arma similar a la daga-hacha—, la lanza *(mao),* y otros implementos como el casco *(zhou),* entre otras. La espada de dos filos (*jian*) haría su aparición más adelante, concretamente durante la dinastía Zhou (c. 1100 - 256 a. C.). También en el periodo Xia se establecen las primeras escuelas, cuyos planes de estudios incluían el tiro con arco, un arte marcial que posteriormente sería considerada como el más importante.

Durante la dinastía Shang (c. 1600 - 1100 a. C.), cuyos dominios se extendieron a lo largo del valle del río Amarillo, los carros de guerra de dos ruedas pasaron a ser el arma principal en la batalla junto con el arco y la flecha. Hasta finales del llamado periodo de Primavera y Otoño (770 - 476 a. C.) estos carros eran tirados por dos o cuatro caballos y transportaban a un conductor, un arquero de la aristocracia y un soldado armado con una lanza o alabarda. Según el tratado clásico del confucianismo *Ritos de Zhou* (*Zhouli*, c. 300 a. C.), cada carro de guerra iba acompañado por cinco escuadrones de cinco soldados de infantería. Estos cinco escuadrones formaban un pelotón. Cuatro pelotones formaban una compañía, cinco compañías una brigada, cinco brigadas una división y cinco divisiones un ejército. Por tanto, un ejército constaba de 12.500 soldados de infantería y 500 carros de guerra.

En este mismo periodo el tiro con arco ya era considerado la principal de las artes marciales. Se trataba de un arte letal pero tremendamente difícil de dominar, ya que tanto el arquero como el blanco solían estar en movimiento. Por ello, el aprendizaje del tiro con arco requería de un intenso entrenamiento. Del mismo modo, cada vez fue más necesario el entrenamiento de las tropas, y ya a principios de la dinastía Zhou se menciona la práctica de varias *rutinas* —conjuntos de movimientos preestablecidos ideados para el desarrollo de la habilidad marcial— para entrenar a los soldados. Incluso, algunas de esas rutinas llegarían a acompañarse con música, creando danzas militares (*wu wu*).

Concepto de un carro de guerra de la Edad de Bronce.
Basado en el libro de Kang Gewu *The Spring and Autumn of
Chinese Martial Arts* [*Primavera y otoño de las artes mar-
ciales chinas*].

Según el príncipe y filósofo Han Fei Zi (280 -
233 a. C.), que también fue uno de los primeros historiadores de China, el origen de las danzas de tipo
militar se remontaba a las antiguas tribus, que las
realizaban antes de ir a la guerra. Algunas minorías
chinas aún practican estas danzas. Un ejemplo de
danza militar consistía en una estructura de cinco
partes, comenzando los bailarines armados con lanzas
y escudos en una disposición de cuadrado, y acompañados con música de tambores. A continuación,
siguiendo el acompañamiento de los tambores, avan-
zaban hasta escuchar el sonido de un cuerno de viento
que tocaba a retirada. Se proseguía con diversos
cambios de formación, para finalizar con los danzan-
tes sentados en círculo.

Otra actividad que llegó a tener un carácter de
preparación y mantenimiento de las habilidades
guerreras de los soldados, particularmente en tiempos
de paz, fue la caza. En un ámbito militar la caza era
mucho más que un modo de entrenamiento individual;
se concebía desde un punto de vista estratégico. Su

planificación incluía el estudio del terreno, así como la determinación tanto del número de participantes como de las armas y de las tácticas que se habrían de seguir para que esta tuviera éxito.

Un aspecto interesante que conviene resaltar es la estrecha relación que se fue estableciendo entre el entrenamiento marcial y la formación intelectual de las élites. Esta asociación ha sido muy frecuente, y se plasma en la sentencia «los logros marciales del individuo descansan en lo cultural y los logros culturales descansan en lo marcial». En el reino de Zhou del Oeste (c. 1100 - 771 a. C.), cuyos dominios también se extendían a lo largo del río Amarillo, el sistema educativo incluía seis áreas principales mediante las cuales se buscaba una formación integral: ritos *(li)*, música *(yue)*, danzas guerreras con armas (*wu wu*), tiro con arco *(she)*, matemáticas (*shu xue jia*) y manejo de carrozas o equitación (*zhan che*). Esta misma filosofía sería retomada por el mismísimo Confucio (551 - 479 a. C.) en su ideal de «hombre ejemplar» (*junzi*). De hecho, Confucio consideraba importante que aquellos que se dedicaban a los estudios de tipo académico también practicasen las artes marciales, y viceversa.

El desarrollo conjunto de los aspectos intelectuales y marciales se plasma en obras como el célebre *Arte de la guerra* (*Bing Fa*, c. 512 a. C.) de Sun Tzu, el imprescindible tratado que posiblemente fuera una compilación de escritos anteriores. En el *Arte de la guerra*, así como en otros tratados similares, se describe el uso de todo tipo de estrategias y tácticas de combate —tales como el engaño, las alianzas, la traición, las recompensas o los castigos— utilizadas para alcanzar la victoria en el campo de batalla, muy comunes durante el conocido como periodo de los Reinos Combatientes (476 - 221 a. C.). Su influencia e importancia es tal que, en décadas recientes, el *Arte de la guerra* ha sido traducido y comentado en infinidad de idiomas, no solo por su valor histórico, sino por su aplicación al ámbito empresarial.

Las artes marciales no fueron, sin embargo, patrimonio exclusivo de las élites. Existen referencias sobre su práctica en otras clases sociales. Tal fue el caso, como revela el historiador chino Kang Gewu, del Instituto para la Investigación del Wushu de Pekín, de la revuelta protagonizada por oficiales del ejército, artesanos, mercantes y pueblo en general en 841 a. C., en la que el palacio imperial fue atacado utilizando diversos tipos de armas, lo cual demuestra que la posesión de armas y su manejo era algo normal también entre los ciudadanos menos distinguidos.

Otras referencias citadas por Kang Gewu datan de finales del reino de Zhou del Oeste (c. 1100 - 771 a. C.) y dan cuenta de la existencia de formas de combate sin armas, aunque no se han descubierto documentos que las describan detalladamente. El *Libro de los ritos* (*Liji*), uno de los cinco tratados clásicos del Confucianismo recuperado durante la dinastía Han (202 a. C. - 220 d. C.), se describen diversos aspectos culturales de la dinastía Zhou, citando que «en el primer mes del otoño debe haber *bo zhi*, para evitar crímenes y maldades». *Bo* significa «golpear» y *zhi* «agarrar», y *bo zhi* es, por tanto, una referencia a combates en los que se permitían tanto los golpes como la lucha con agarre. En el mismo libro se hace una clara distinción entre el *bo* y el ya citado *jiao di*, que refiere la práctica de la lucha con agarre. Una de las primeras menciones que describe la efectividad del *bo* la refiere el historiador estadounidense Stanley E. Henning, quien cita que en 681 a. C. Wan de Song mató a golpes al Duque Min y posteriormente le rompió el cuello utilizando sus conocimientos de *bo*. Pocos años después, en 658 a. C., se menciona la práctica de golpearse mutuamente con el nombre de *xiangbo*, y durante el periodo de los Reinos Combatientes estas artes también eran conocidas como *ji ji,* y posiblemente incluyesen el uso de armas. Se dice que los hombres del reino de Qi, uno de los siete reinos mayores que se disputaban el dominio de China en este periodo, eran expertos en *ji ji.*

Durante el periodo de Primavera y Otoño, una época marcada por la fragmentación de China en decenas de pequeños reinos, se ubica la historia de la Doncella de Yue, uno de los relatos más conocidos de las artes marciales chinas. Según la leyenda, aproximadamente en el año 496 a. C., el rey de Yue, Gou Jian, fue derrotado por el rey de Wu. Por esta razón, Gou Jian intensificó la preparación de su ejército, buscando la mejor instrucción disponible. Uno de sus consejeros le habló de una mujer famosa por su habilidad en el uso de la espada, quien tras entrevistarse con el rey pasó a instruir a los líderes de su ejército, y a quien el propio monarca le otorgó el título de Doncella de Yue (Yue nu), sobrenombre por el que fue conocida desde entonces.

A pesar de contener datos históricos verídicos, posiblemente la historia de la Doncella de Yue no sea cierta. La primera referencia a la misma tendrá lugar muchos siglos después, concretamente en las *Crónicas de primavera y otoño de los reinos de Wu y Yue,* escritas durante la dinastía Han del Este (25 - 220 d. C.). Durante esta dinastía, en contraste con las anteriores, el uso de espadas se generaliza en el ejército, por lo que la leyenda podría haberse generado entonces. Otra narración, en este caso más verídica, de la práctica marcial, se encuentra en documentos datados aproximadamente en 298 a. C., en los que se cita que Wen, rey de Zhao, amaba la práctica con la espada hasta tal extremo que organizó una competición en la que tomaron parte tres mil especialistas que se enfrentaron en duelos a muerte.

La Edad del Hierro

El uso del hierro en China comienza alrededor del año 600 a. C. durante el periodo de Primavera y Otoño (770 - 476 a. C.), y se extiende principalmente durante el periodo de los Reinos Combatientes (476 - 221 a. C.). El hierro era un material más abundante y barato que el estaño con el que se fabricaba el bronce y además permitía la construcción de armas más duras y resistentes. Entre las armas de hierro más antiguas, encontradas en provincias del este de China como Hunan o Hebei, figuran espadas de dos filos, alabardas, cascos de hierro (*dou mou*), cuchillos, lanzas, etc.

Tras la unificación de China en el 221 a. C., Qin Shi Huang, primer emperador de la dinastía Qin, ordenó destruir todas las armas que poseía la población y enviarlas a la capital para que fueran fundidas y transformadas en campanas y estatuas de bronce. En este periodo se establecen las bases para el uso de las artes marciales como forma de espectáculo y entretenimiento, especialmente mediante la práctica del *jiao di*, y es que fue precisamente Qin Shi Huang quien estableció en 209 a. C. el *jiao di* como deporte militar oficial en ceremonias.

El breve periodo Qin (221 - 207 a. C.), en el que China volvió a unificarse y comienza la historia de la China imperial, es también un momento de transición en el que las prácticas religiosas que realizaba la población para pedir salud y prosperidad a los dioses dan paso al mito de la búsqueda de la inmortalidad mediante el uso de rituales guiados por un chamán (*fang shi*) y la ingestión de píldoras mágicas *(xian dan)* que supuestamente ayudarían a lograrla. Debido al coste de los ingredientes, el uso de píldoras fue popular únicamente entre las clases altas.

Otros métodos utilizados para alcanzar la inmortalidad fueron las oraciones y los encantamientos. En el tratado taoísta *Libro de la paz suprema* (*Tai ping jing*) —obra de compleja datación que refleja las ideas y visión del mundo existente durante la dinastía Han— se describe la manipulación de la energía interna (*qi*) y del espíritu (*shen*), afirmando que cuando ambos se elevan a su máximo potencial se alcanza la inmortalidad. Estos conceptos estaban basados en el taoísmo, que fue arraigando a medida que la población comenzó a creer en la práctica del *qi*. Estas y otras creencias del mismo tipo se han perpetuado y se siguen atribuyendo al *qi gong* (también conocido como *chi kung*, literalmente «cultivo del *qi*»), que incluso hoy en día a veces se vende como una práctica milagrosa. Nada más lejos de la realidad que estas «promesas de divinidad», y sirva como ejemplo volver a citar a Qin Shi Huang, quien obsesionado por la idea de la muerte ordenó a sabios y doctores que encontrasen el secreto de la inmortalidad, realizando entre otros tratamientos ingestas de píldoras que contenían mercurio, con fatales consecuencias. Murió con cincuenta y dos años.

Tras la caída de la dinastía Qin, la dinastía Han sube al poder, dando paso a una de las épocas doradas de la historia china por su expansión y desarrollo cultural. Uno de los hechos históricos más conocidos que anticipa este periodo, y que ha servido de inspiración a todo tipo de producciones artísticas posteriores, es el banquete del Portal de Hong (206 o 205 a. C.), donde se manifestaron toda una serie de complejas intrigas entre Liu Bang, primer emperador de los Han, y Xiang Yu, uno de los más famosos generales en la historia de China. Xiang Yu, resentido con aquél porque había conquistado el corazón de las tierras de los Qin, pretendía asesinarlo y destruir su ejército. No obstante, tras diversas mediaciones y falsos compromisos, se organiza una envenenada celebración cuyo momento culminante fue una demostración de danza de espada realizada por Xiang Zhuang, primo de Xiang

Yu. El propósito de la danza era matar a Liu Bang, pero entonces Xiang Bo, tío de Xiang Yu, entra en escena para entablar un intenso combate con Xiang Zhuang, en el que además de la espada se utilizaron técnicas de boxeo y lucha. Al final del relato Liu Bang logra escapar, lo que a la postre le permitiría derrotar a Xiang Yu y proclamarse emperador de China.

A pesar de este relato de duelo de espadas, lo cierto es que durante la dinastía Han la espada de dos filos (*jian*) comienza a perder importancia como arma de guerra, aunque ostentaba un importante simbolismo ligado al poder y a la autoridad. Surgen las llamadas espadas imperiales, que eran propias de la etiqueta de los rituales de estado, de modo que los oficiales debían llevarla como parte de su indumentaria. La magnificencia de estas espadas hace que los eruditos y literatos del periodo se interesen en su utilización y características y que sean fuente de inspiración en sus escritos, elevando así el carácter intelectual de las artes marciales y sus connotaciones estéticas. Se dice que Sima Qian (c. 145 - 86 a. C.), posiblemente el historiador chino más reconocido de todos los tiempos, fue un buen esgrimista.

La Edad del Acero

El hierro da paso al acero en China durante la dinastía Han del Oeste (206 a. C. - 24 d. C.). Entre 140 y 87 a. C. el país sufre numerosos ataques de las tribus del norte, los xiongnu, mucho más conocidos por los occidentales como hunos. Los xiongnu utilizaban la caballería ligera, lo que hacía que los carros de combate de los Han, mucho más lentos, fuesen tremendamente ineficaces. Al mismo tiempo, los sables curvos de un filo de los xiongnu eran superiores a las espadas rectas de doble filo de las tropas chinas. Esto era debido a que el diseño de los sables curvos los hacía más pesados en la hoja, y consecuentemente tenían una mayor fuerza de corte. Con todo, los Han derrotaron a los ejércitos xiongnu en tres importantes batallas en los años 127, 121 y 110 a. C., sustituyendo sus antiguas espadas de doble filo y manejo a una mano por sables curvos de manejo a una mano y sables rectos de un filo de manejo a dos manos. Otra arma muy utilizada en esta época fue la ballesta, cuyo mecanismo de disparo se consideró secreto de estado.

Los conocimientos sobre la tecnología y técnicas marciales también se adquirieron de modos menos cruentos. Así, los Han recibieron embajadores del Japón, quienes a su vez importaron sables, espadas y probablemente las prácticas de *jiao di* y *shou bo* —término este último que hacía referencia a la lucha contra animales sin armas, y posteriormente a la lucha sin armas frente a otra persona— hacia sus islas. Según señala el historiador Stanley E. Henning, esta importación podría haber influido en la creación del sumo. Por su parte, además, los arcos japoneses sirvieron a los Han como modelos para la modificación de los propios.

Siguiendo la tradición de las dinastías anteriores, la lucha cuerpo a cuerpo seguía siendo una forma de espectáculo y entretenimiento de las clases altas y populares. El emperador Wu (141 - 87 a. C.) practicaba el *jiao di*, y organizaba competiciones que atraían a un gran número de espectadores. También se dice que el emperador Ai (7 a. C. - 1 a. C.) prefería entretenerse observando *shou bo* y *jiao di* que complacerse con mujeres y canciones, aunque seguramente esto tenía más que ver con sus preferencias sexuales que con la lucha en sí. El combate sin armas también formaba parte del entrenamiento militar y de hecho llegó a exigirse para lograr determinados puestos de nivel superior.

Los Han nos han legado algunos documentos de incalculable valor para la historia del kung-fu. Uno de ellos es *La Historia de la dinastía Han (Han Shu)*, concluida por el historiador Ban Gu (32 - 92 d. C.). En ella se incluyen cuatro secciones dedicadas al arte de la guerra y, dentro de las mismas, treinta y ocho tratados de espada, métodos de disparo de ballestas y seis tratados de *shou bo*. Lamentablemente, los capítulos dedicados al *shou bo*, que no han sido descubiertos hasta la fecha, únicamente nos son conocidos a través de fuentes secundarias. A pesar de ello, y según apunta el historiador Ma Mingda, uno de los más reconocidos investigadores de las artes marciales chinas, sabemos que durante la dinastía Han el *shou bo* ya incluía los cuatro elementos básicos de las artes chinas de combate sin armas: golpear con las manos (*da*), patear (*ti*), lanzar (*shuai*) y controlar las articulaciones (*na*).

Otro documento tremendamente relevante no fue descubierto hasta 1973 en la provincia de Hunan, en el sureste del país. Se trata de una pintura en seda en la que se observan cuarenta y cuatro imágenes de personas realizando una serie de ejercicios con y sin armas. Las figuras están acompañadas de una breve descripción que sugiere que pueden estar imitando diferentes animales como el oso, la cigüeña, el mono, el halcón, el águila, el dragón, etc. Algunos de los ejercicios ilustrados son estiramientos, flexiones de rodillas, flexiones laterales y rotaciones de tronco, saltos y ejercicios de respiración. El arma que parecen sostener algunas de las figuras es el bastón largo *(gun)*. No existe un consenso acerca del significado de estas imágenes. Algunos sugieren que se trata de un manual de kung-fu, mientras que otros apuntan que es tan solo una serie de ejercicios gimnásticos *(dao yin)*. La antigüedad de estas imágenes las sitúa en la dinastía Han del Oeste (206 a. C. - 24 d. C.), siendo por tanto la «guía» de ejercicios más antigua que se ha encontrado hasta la fecha en China.

Reproducción de ejercicios gimnásticos de la dinastía
Han del Oeste (206 a. C.-24 d. C.), hallados en 1973
en la provincia de Hunan.

El periodo de los Tres Reinos (220 - 280 d. C.), que sucede a los Han, fue uno de los más cruentos de la historia china. Durante el mismo los gobernantes de los reinos de Wei, Shu y Wu se enfrentaron en numerosas ocasiones tratando de someter a sus rivales. En este contexto, no es extraño que existan relatos de artistas marciales excepcionales. El general Deng Zhan, de Wei, era conocido por su destreza con las «cinco armas» (arco y flecha, lanceta, lanza, pica y alabarda) y por su habilidad para enfrentarse con sus manos vacías a enemigos armados. El emperador Cao Pi, también de Wei, era experto en el manejo de la espada. En una ocasión, durante un banquete, Cao Pi y Deng Zhan se enfrentaron en un combate simulado de esgrima utilizando varas de madera a modo de espadas, resultando vencedor el emperador. Aquí dejamos al lector pensar sobre si el combate fue totalmente sincero o no —un emperador derrotado no sería una buena imagen para sus súbditos, ni posiblemente fuese una actuación inteligente por parte de un general—, o si pudo haber algún tipo de manipulación del relato por los cronistas.

Siguiendo la tradición confuciana, que incluía algunas habilidades marciales entre las «seis artes» (ritos, música, matemáticas, escritura, conducción de carros y tiro con arco), algunos intelectuales también se interesaron por las artes marciales. Ge Hong (283 - 363 d. C.), un famoso pensador experto en leyes, confucianismo y taoísmo, además de oficial militar, fue uno de ellos. A través de su obra *Uno que abraza la simplicidad* (*Bao pu zi*), estudiada por Stanley E. Henning, sabemos que estudió tiro con arco, usos del sable y escudo, sable a una mano, alabardas dobles y bastón de siete pies. También se señala en ella que el *shou bo* era practicado por todos los estamentos de la sociedad, desde los propios reyes a los plebeyos que formaban las milicias. Otra aportación interesante de Ge Hong es la referencia a las fórmulas orales (*kojue*) y métodos secretos (*mifa*) que se utilizaban para el aprendizaje de las habilidades y tácticas marciales. Lógicamente, estas fórmulas tenían que ser secretas y deliberadamente oscuras para que no pudiesen ser conocidas e interpretadas por los enemigos.

Con todo, la práctica de lo que se llamaría kung-fu siguió diversificándose y cambiando sus denominaciones. En un ámbito lúdico fueron frecuentes las exhibiciones con armas como el sable o la alabarda. Un tipo de demostración consistía en lanzar sables al cielo para recogerlos a continuación entre las manos. Durante la breve dinastía Sui (581 - 618 d. C.) se organizaban competiciones de *jiao di* a las que concurrían luchadores de diferentes regiones. Estas competiciones eran tan vistosas que despertaron el interés del emperador Yang Guan, de quien se dice que las observaba de incógnito.

Las artes marciales también fueron utilizadas por las clases altas como un método para ejercitar el cuerpo y mantener la salud. Kang Gewu refiere que durante la dinastía Wei del Norte (386 - 534 d. C.) el

Lu Bu, un famoso general y señor de la guerra en los difíciles años previos al inicio del periodo de los Tres Reinos (220 - 280 d. C.), demuestra su habilidad con el arco. Lu Bu fue inmortalizado en la novela *Romance de los Tres Reinos (Sanguo yanyi)*, considerada una de las cuatro grandes novelas de China. Esta imagen se encuentra en el Corredor Largo (dinastía Qing), en Pekín.

emperador Wen Cheng y su emperatriz seguían una dieta vegetariana y practicaban *wu yi* después de cenar. Sabemos asimismo que durante este periodo en los momentos de descanso durante la cosecha los soldados practicaban *jiao di*.

Durante las etapas que marcaron el nacimiento y la caída de todas las dinastías chinas, la actividad militar fue considerada como algo crucial. Sin embargo, y a diferencia de lo que muestran muchas películas de kung-fu que posiblemente recuerde el lector, el kung-fu sin armas tenía muy poca aplicación en el campo de batalla, donde obviamente predominaba el combate armado. Incluso en las épocas donde se prohibió la utilización de armas a la población civil, siempre se permitió la posesión de armas blancas cortas como cuchillos y dagas. Con todo, las formas de lucha sin armas tenían su máxima expresión como forma básica de adiestramiento militar y como práctica lúdica popular. También podían llegar a ser importantes como complemento a la utilización de las armas o como último recurso si estas llegaban a perderse durante el combate. Un ejemplo de este hecho, narrado por Stanley E. Henning, se produjo en 582 d. C., durante una campaña de la dinastía Sui. Tras perder sus armas ante un contingente mucho más numeroso de tujue (una tribu turca), los Sui se vieron obligados a utilizar su habilidad en la lucha sin armas, logrando ahuyentar al enemigo gracias a su arrojo y destreza. Según narran las crónicas, la lucha fue tan dura que tras el combate los huesos de los desgarrados puños de los Sui quedaron a la vista.

La falta de escritos que describan las técnicas y estilos de combate, tanto con armas como sin ellas, no se deriva por tanto de su poca importancia, sino más bien de la escasa atención que los eruditos confucianos de la época les prestaron en sus escritos. Estos eruditos se interesaron fundamentalmente por aspectos más intelectuales del arte de la guerra, como tácticas de batalla, organización militar, planes bélicos, etc.

Durante la relativamente larga dinastía Tang (618 - 907 d. C.), otra de las épocas doradas de la historia china, comienzan a realizarse exámenes imperiales militares, concebidos para que solo las personas más capacitadas pudiesen lograr ascensos. Fue precisamente Wu Zetian (690 - 705), la única mujer de la historia China que llegó a ocupar el puesto de emperador —de hecho creó su propia dinastía durante su reinado, interrumpiendo brevemente la dinastía Tang—, quien ordenó instituirlos. Los usos de armas que se enfatizaron entre los líderes de la época fueron la lanza a caballo y el tiro con arco a pie y a caballo. La longitud de la lanza militar era aproximadamente de tres metros, pero posteriormente aparecieron lanzas más cortas que utilizaban los artistas marciales civiles al ser más prácticas en los duelos contra otras armas como el sable curvo. Las demostraciones eran otra actividad en la que se utilizaba este tipo de lanzas cortas. En un ámbito de intercambio cultural, se exportaron espadas chinas de dos manos y un filo, de las que se dice que eran tan afiladas que podían penetrar una armadura. Estas espadas se forjaban más de treinta veces, y en Japón se consideraba un honor su posesión.

En este periodo Tang aparecen numerosas actividades ligadas a la fiesta y al entretenimiento con una clara influencia marcial. Tal es el caso de las danzas del león, danzas en las que el actor se tumbaba sobre el filo de una espada mientras otra persona tocando una flauta se le subía encima, exhibiciones donde el actor se reclinaba sobre un pincho gigante y giraba sobre su punta, o donde caminaba sobre el filo de varias espadas. Estas prácticas se han incluido en muchas demostraciones modernas de tipo marcial, suponiendo que a través de las mismas se refleja el poder y dominio de la energía interna o *qi*. En este contexto lúdico-festivo también se realizaban danzas (*jiyue*) con espadas. Su más famosa exponente fue la conocida Dama Gongsun (c. 700 - 756), que realizaba vistosos movimientos con la espada y un bello acompañamiento musical.

El uso de la espada, al igual que sucediera en la dinastía Han, se consideró un tipo de arte especial, y también se relacionó con actividades de tipo académico como la caligrafía. Aunque a primera vista no lo parezca, el paralelismo entre la esgrima y la caligrafía es claro: ambas requieren un buen equilibrio, una ejecución perfecta y un flujo continuo. Los errores no pueden corregirse, y ambas exigen una concentración total durante su ejecución. Esta relación, durante la dinastía Tang, entre lo marcial *(wu)* y lo cultural *(wen)* se aprecia en citas como la siguiente, reproducida por el profesor Richard Pegg, de la universidad estadounidense George Washington:

Talla en madera de la Dama Gongsun, en el parque
Bao Mo Yuan (ciudad de Guangzhou, provincia
de Guangdong).

> El general Pei Min ofreció al pintor Wu Daozi una comisión a cambio de una pintura para conmemorar a sus padres. Wu rehusó la oferta diciéndole al general: «He escuchado de su habilidad con la espada. Si usted me la muestra me inspirará, y así podre llevar a cabo la tarea». El general Pei realizó una demostración de gran calibre. En ese momento, Wu Daozi levantó su pincel y dibujó un mural completo. Zhang Xu (un famoso calígrafo) también estaba presente y añadió su caligrafía al mural. Todos los presentes exclamaron con admiración que las «Tres Maravillas» marcaron un día especial.

Durante el periodo Tang también hacen su aparición las novelas de caballería, mezclando las artes marciales con los caballeros errantes *(wu xia)*. Posiblemente la más famosa de estas novelas sea *Margen del agua* (*Shuihu zhuan*, también conocida como *Los bandidos del pantano* o *Todos los hombres son hermanos*), de disputada autoría y escrita en torno al siglo XIV. Esta obra, considerada como una de las cuatro grandes novelas clásicas de la literatura china, relata las aventuras y desventuras de ciento ocho héroes traicionados por oficiales corruptos, ante lo cual se refugian en el monte Liang. Cada uno de estos héroes era hábil en el uso de un arma diferente, y así Lu Da, «el monje tatuado», utilizaba un bastón de metal; el general Huyang Zhuo, por su parte, utilizaba dos barras de acero; Li Kui, las hachas dobles y así sucesivamente. Según parece, la novela tiene un fundamento histórico en la figura del bandido Song Jiang y sus compañeros, que actuaron en los años centrales de la dinastía Song (la cual, a su vez transcurrió, entre el 960 y 1279).

Tras el final de la dinastía Tang, China no sería reunificada nuevamente hasta la dinastía Song. Du-

En uno de los capítulos de *Los bandidos del pantano (Shuihu zhuan),* el general Huyan Zhuo combate con sus barras de acero a las tropas de Song Jiang.

rante este periodo, que transcurre como hemos citado antes entre mediados del siglo x y finales del siglo xiii, y con el objeto de mantener su integridad territorial, los Song desarrollaron una revolucionaria tecnología militar que incluía el uso de la pólvora. Muestra de esta tecnología es la *Enciclopedia de asuntos militares* (*Wu Jing Zong Yao*, 1044), elaborada por los famosos intelectuales Zeng Gongliang, Ding Du y Yang Weide, en la que se describen tácticas militares, diseños de diferentes tipos de armas blancas y de fuego, minas, máquinas de guerra, recetas para la fabricación de pólvora, etc.

Otra arma importante fue la maza de guerra *(bian)*, concebida para contrarrestar las pesadas armaduras de la época. Las mazas de guerra tenían un peso aproximado de entre cinco y ocho kilos, lo que les permitía romper huesos con facilidad a pesar de las protecciones. Los ataques de minorías como los xiongnu, liao, jurchen y mengu (estos últimos más conocidos por los occidentales como mongoles) también obligaron al desarrollo de nuevas armas, técnicas y estrategias de guerra. La eficacia de estas tribus del norte radicaba en el manejo del caballo, el tiro con arco y la lucha. Estas actividades eran aprendidas desde la infancia, lo que los convertía en unos enemigos formidables. Como forma de contrarrestar estos ataques, el tiro con arco fue una de las habilidades que las diferentes dinastías chinas trataron de promover mediante la organización de torneos y exámenes. Se instauraron academias militares para el entrenamiento de los soldados, y también se citan adaptaciones de las armas para minimizar sus riesgos. Entre las mismas, el recubrimiento con telas de las puntas de las lanzas y de las flechas, lo que nos puede dar una idea del realismo con que se desarrollaban estos entrenamientos. Hacia 1225, Kang Gewu revela que las artes marciales que se practicaban en los campamentos de entrenamiento provisional incluían el manejo del tirachinas chino —como habíamos señalado, un tipo de arco que disparaba piedras en lugar de flechas—, arco, ballesta, hacha, espada, escudo y bastón largo, además de prácticas como la lucha (*jiao di*, también denominado en esta época *xiang pu*) o el combate sin armas *(shiquan)*. Las rutinas utilizadas por estos grupos como base del entrenamiento se conocían por el nombre de *da tao zi*.

Con todo, la imagen del ámbito militar empeoró durante la dinastía Song, como se observa en el aforismo «buen hierro no se usa para fabricar puntillas, buenos hombres no se usan como soldados». El ya citado emperador Wu (141-87 a. C.) fue el primero en reinterpretar las enseñanzas de Confucio que, como se ha señalado, proponían un equilibrio entre el estudio académico y marcial, para darle más importancia al primero en detrimento del segundo. Esta idea llegó a generalizarse, a pesar de que algunos intelectuales consideraron las artes marciales como algo digno de ser practicado. Así, en esta y en el resto de dinastías la población civil veía el reclutamiento como una desgracia —y, en general, las empresas bélicas de sus dirigentes debido a la ingente cantidad de recursos humanos, materiales y económicos que consumían—, hasta el punto de que los posibles reclutas recurrían a la automutilación para evitarlo. No ha de olvidarse que en el ajedrez de la guerra los soldados eran simples peones que podían ser sacrificados por el bien de la partida. Posiblemente esta percepción se intensificó en la época de los Song debido a sus frecuentes derrotas. A pesar de su potente tecnología militar, los Song tuvieron que ceder primero sus territorios del norte a la dinastía Jin (1115 - 1234), para caer definitivamente en 1279 ante los mongoles de Kublai Kan. Una de las principales razones por las que la dinastía Song perdió tantas batallas se debió a que Taizu (960 - 976), el primer emperador Song, instauró la costumbre de nombrar como jefes de sus ejércitos a personal civil sin experiencia militar, como apunta el historiador Yang Hong. Esta idea trataba de evitar golpes de Estado, pero indudablemente debilitaba al propio ejército ante los enemigos exteriores.

En el ámbito civil, se ejerció un importante control sobre la práctica de las artes marciales con fines bélicos. En 1041, el emperador Renzong, ante la inestabilidad social derivada del aumento de impuestos, prohibió bajo amenaza de muerte o trabajos forzados las sociedades de tipo marcial. Las leyes impidieron a los civiles la posesión de armas exclusivas del ejército, hasta el extremo de que únicamente se permitían imitaciones para demostraciones, ritos religiosos y obras teatrales. En contextos más lúdicos se practicó un tipo de lucha que fue conocida como lucha en arena abierta *(tai zheng jiao o zheng shou da lei)*. El *tai zheng jiao* precede al *lei tai* o «plataforma elevada». Ambas luchas exigían la firma de un acuerdo en el que los participantes aceptaban la posibilidad de morir durante el enfrentamiento. Vemos pues cómo los niveles de violencia tolerados socialmente en este tipo de espectáculos poco tienen que ver con los deportes de combate actuales, los cuales cuentan mayoritariamente con un estricto reglamento orientado entre otros fines a preservar la integridad física de los contendientes.

En 1271, el ya citado líder mongol Kublai Khan conquista China y da paso a la dinastía Yuan (1271-1368). Durante este periodo, la práctica de las «artes de ataque» *(gongci zhi)* y la práctica deportiva de la lucha fueron prohibidas hasta el extremo de que incluso las armas ceremoniales de los templos debían ser de madera, barro o papel. A pesar de la prohibición de la práctica de las artes marciales en el ámbito civil, consecuencia del deseo imperial de lograr un mejor control social, esta se mantuvo y de hecho jugó un importante papel en las numerosas revueltas que terminaron por derrocar el poder de los Yuan. Por el contrario, los invasores siguieron fomentándolas entre sus tropas, particularmente las ya citadas tres habilidades de manejo del caballo, tiro con arco y lucha.

Los ejércitos mongoles fueron acompañados por ejércitos de la etnia de los hui —de religión musulmana— quienes continuarían su relación con los ejércitos chinos tras la caída de los Yuan. Qianlong (1735 - 1796), el cuarto emperador de la dinastía Qing (1644 - 1911), afirmará que los hui se caracterizan por su fuerza, valentía *(quan yong)* e inclinación marcial. La minoría hui continuó la práctica de las artes marciales, hasta el extremo de que se le atribuye la invención de muchos de los más famosos estilos de kung-fu conocidos en la actualidad, entre ellos *sha jia quan* («puño de la familia Sha»), *cha quan* («puño cha»), *jiao men tan tui* («escuela religiosa de piernas resorte»), *baji quan* («puño de los ocho extremos»), *liu he da qiang* («lanza gigante de las seis armonías»). Asimismo, algunas áreas de China habitadas por los hui son conocidas como distritos marciales o de luchadores. Uno de los más famosos es la prefectura de Cangzhou conocida como la «Villa Marcial» *(wushu zhi xiang),* en la provincia de Hebei.

Por otro lado, en lo que respecta al periodo Yuan también puede destacarse la representación de cientos de obras de teatro de temática marcial, en las que los actores utilizaban las técnicas propias de las artes de combate. Será en el siglo XIX, durante la dinastía Qing, cuando se popularice el término *quan*, y más recientemente *kung-fu* —como se detalló en la introducción—, para identificar a las artes marciales de origen chino.

2

Los monjes de Shaolin

El monasterio budista de *Shaolin* (literalmente, «bosque joven», o «bosques del monte Shaoshi») es un lugar icónico en la historia del kung-fu. Su antigüedad se remonta aproximadamente al año 495 d. C., cuando el emperador Xiao Wen (467 - 499), de la dinastía Wei del Norte, proveyó de fondos al monje indio Batuo (también llamado Fotuo) para su construcción en el monte Shaoshi. El monte Shaoshi, con sus 1.512 metros, es el más alto dentro del conjunto de elevaciones que componen a la cordillera Song *(Song shan),* uno de los principales montes sagrados de China. Está a unos cincuenta y cinco kilómetros de la ciudad de Louyang (provincia de Henan), que por aquel entonces acababa de convertirse en capital de los Wei. Según cuenta la tradición, en el año 520 arribó al monasterio un monje hindú llamado Bodhidharma, quien tras nueve años de meditación en una cueva en absoluto silencio enseñó a sus discípulos una serie de ejercicios que darían origen al kung-fu. Bodhidharma también fue el introductor del budismo Chan en China, una rama del budismo Mahayana que

Actual monasterio de Shaolin, en el monte Song. Aunque su antigüedad se remonta aproximadamente al año 495 d. C., el monasterio ha sufrido numerosos procesos de destrucción y reconstrucción, por lo que gran parte de sus instalaciones son mucho más modernas.

al transmitirse a Japón tomó la denominación de budismo Zen.

De este modo, y a pesar de lo extraño que pueda parecer, infinidad de libros, documentales y otras fuentes de información han apuntado al monasterio de Shaolin como «el lugar donde empezó todo», ignorando la tradición marcial existente en China previamente a la supuesta llegada de Bodhidharma. No obstante, como se ha desarrollado en el capítulo anterior, la práctica de las artes marciales era un hecho común, como no podía ser menos en un contexto de frecuentes guerras y disputas territoriales. Los componentes del estamento religioso no estaban exentos de tales disputas, y solían estar preparados para afrontar la eventualidad de un ataque. El *Libro de Wei (Weishu),* compilado por Wei Shou entre el 551 y el 554, cita que durante las incursiones realizadas por los Wei en monasterios próximos a Changan (Xian) en el 446, se descubrieron y confiscaron diversos lotes de armas. Asimismo, el historiador chino Kang Gewu señala que los monjes de Shaolin practicaban *jiao li* como entretenimiento. Todo ello contradice la creencia popular de que los monjes no conocían las artes de combate hasta que Bodhidharma les enseñara sus ejercicios.

La literatura que atribuye al templo de Shaolin el origen del kung-fu, y particularmente el de diversos estilos que se practican en la actualidad, proviene de una tradición oral que ha de cuestionarse hasta que no sea comprobada científicamente. Existen poderosos motivos, fundamentalmente de tipo económico, que invitan a presentar un estilo como «el más tradicional» o acreedor de «un linaje milenario». Uno de los ejemplos más obvios de esta manipulación de la historia tiene como protagonista al mítico monasterio de Shaolin del Sur, supuestamente ubicado en la provincia de Fujian, en el sureste de China, pero del que no se tiene ninguna referencia histórica. Según señala el historiador Stanley E. Henning, la historia de la existencia de este monasterio tiene su origen en la sociedad secreta del Cielo y Tierra *(Tiandihui)*, fundada en la década de los sesenta del siglo XVIII, a mediados de la dinastía Qing, y probablemente tuviese como objetivo reclutar candidatos para la sociedad o designar en clave determinados puntos de reunión para el desarrollo de sus actividades. A pesar de ello, la provincia de Fujian construyó recientemente su monasterio de Shaolin del Sur, con la pretensión de emular el éxito comercial de su «hermano» del norte, que había atraído a más de diez mil estudiantes extranjeros entre 1988 y 2004.

EL MONJE BODHIDHARMA Y EL KUNG-FU

Los relatos sobre la vida y obra de Bodhidharma en China son fuertemente contradictorios, y mucho más sus conexiones con el monasterio de Shaolin y las artes marciales. El investigador estadounidense Michael Spiessbach revela que en la obra *Registro de los monasterios budistas de Luoyang* (*Luoyang jia lan ji*, c. 547), el escritor y traductor Yang Xuanzhi cita a un cierto monje llamado Bodhidharma que tenía ciento cincuenta años de edad y provenía de Persia (el actual Irán). Un segundo relato es la escueta biografía de Bodhidharma que figura en el prefacio del *Tratado de las dos entradas y cuatro prácticas (Erru sixing lun),* obra anónima falsamente atribuida al propio Bodhidharma en la que se describe un método para alcanzar la iluminación. En este prefacio, escrito por el erudito Tan-lin (506–574), se afirma que este fue el tercer hijo de un rey de la dinastía de los Pallava, del sur de la India, y que tras abandonar su hogar vagó por muchos lugares hasta llegar a China. Asimismo, la obra *Continuación de las biografías de monjes ilustres (Xu gaoseng zhuan),* escrita en 645 por el monje budista Daoxuan, cita la actividad de Bodhidharma en la región del monte Song y la ciudad de Luoyang. Ninguno de estos textos hace referencia al monasterio de Shaolin o al kung-fu; antes al contrario, sobre la base de la primera obra citada, el profesor de estudios religiosos de la Universidad de California, Jeffrey L. Broughton, sitúa a Bodhidharma en el monasterio de Yongningsi, en la ciudad de Luoyang, entre el 515 y el 526.

La primera obra que sitúa a Bodhidharma en el monasterio de Shaolin es el *Registro precioso de las transmisiones del Dharma (Chuanfa baoji),* escrita aproximadamente en 710, dos siglos después de su supuesta llegada. Según la misma, el monasterio de Shaolin fue el escenario de la meditación del santo, donde además formó a sus discípulos y continuadores de la tradición del budismo Chan. Desde el siglo VIII existen asimismo evidencias arqueológicas en forma de estelas que ubican a Bodhidharma en el monasterio que, junto a los textos escritos, fueron consolidando su relación con el monasterio de Shaolin. Como culminación de este proceso, en 1125 se construye en el monasterio un recinto especial dedicado a Bodhidharma que aún se alza como obra maestra de la escultura en piedra de la dinastía Song. La creciente popularidad del budismo Chan en este periodo, unida a la imagen del templo como residencia de su fundador, elevó su carácter sagrado para consolidarlo como un importante lugar de peregrinación y atención por parte de los poderes dominantes.

Uno de los aspectos confusos de la vida y obra de Bodhidharma, relevante para la comprensión de su relación con las artes marciales, se refiere al legado de textos. Muchas de las obras que se le atribuyen fueron escritas años y hasta siglos después de su muerte, hecho que se explica por el hábito de los escritores chinos de asignar sus escritos a figuras históricas o

Imagen de Bodhidharma, en el monasterio de Shaolin.
Según la leyenda, tras su muerte y resurrección
Bodhidharma regresó caminando descalzo a la India,
su patria natal, llevando una de sus sandalias en la mano,
como muestra la representación. Al exhumar la tumba del
santo únicamente se encontró su otra sandalia.

legendarias. Así, a partir del siglo VII es frecuente hallar este tipo de falsificaciones, entre las que se encuentran el *Clásico del cambio de tendón (Yi jin jing)*, las *Dieciocho manos de luohan (Shi ba luo han shou)* y el *Clásico de limpieza de la médula (Xisui jing)*, todas ellas relacionadas con el *qi gong (chi kung)* y la práctica marcial.

Entre los relatos creados para asignar la autoría de estas obras a Bodhidharma, posiblemente el más popular es el que narra que antes de su partida este dejó a sus discípulos una caja de hierro en cuyo interior se encontraban las obras, de las que únicamente sobreviviría el *Clásico del cambio de tendón*. No obstante, esta obra fue escrita fuera del monasterio más de mil años después, concretamente en 1624, por el monje taoísta Zongheng del monte Tiantai, quien añadió además dos prefacios falsamente atribuidos a los famosos generales Li Jing (571 - 649), de la dinastía Tang, y Niu Gao (1087 - 1147), de la dinastía Song, con el objeto de ensalzar su valor. Como ya pusieron de manifiesto diversos bibliógrafos de la dinastía Qing, y a principios del siglo XX historiadores de las artes marciales chinas de la talla de Tang Hao y Xu Zhedong, esta obra está llena de fabulaciones que mezclan leyendas con hechos históricos.

Con todo, cabe reconocer al *Clásico del cambio de tendón* el mérito de ser el primer libro que mezcla mitología budista con ejercicios gimnásticos taoístas *(dao yin)*, con el objetivo de hacer invulnerable el cuerpo del practicante. Este manual es uno de los primeros que asignan aplicaciones de tipo marcial a ejercicios gimnásticos. Como señala el profesor de estudios orientales Meir Shahar, de la Universidad de Tel Aviv, la atribución de habilidades marciales a Bodhidharma probablemente se debiese al desconocimiento del autor de la tradición de Shaolin que relacionaba las habilidades marciales de los monjes con

Jinnaluo (o Vajrapani, un protector de Buda y patrón del monasterio), y no con Bodhidharma. Debido a la popularidad del *Clásico del cambio de tendón* en la dinastía Qing, los monjes «adoptaron» la leyenda descrita en el libro, designando a Bodhidharma como creador de algunas de sus prácticas de combate desde mediados de la dinastía Qing, hasta llegar a afirmarlo como progenitor de la vocación marcial del monasterio. La difusión de esta creencia en un ámbito social más amplio se inicia a principios del siglo XX con la novela del escritor Liu Tieyun (también conocido como Liu E, 1857 - 1909) *Viajes de Laocan (Laocan Youji),* publicada en la *Revista de Ficción Ilustrada* entre 1904 y 1907. El pasaje que narra la conexión de Bodhidharma con el kung-fu reza como sigue:

> Preguntó al monje dónde había aprendido sus habilidades. Él respondió que las había aprendido en el templo de Shaolin, lo cual le sorprendió en gran medida, y dijo: «Este discípulo ha permanecido en el templo de Shaolin durante cuatro o cinco años y nunca observó ningún buen boxeo. Maestro, ¿de quién aprendió?». El monje le respondió: «Este es el estilo de boxeo del templo de Shaolin, pero no lo aprendí allí. El boxeo es un arte olvidado en ese lugar. El estilo taitsu que has aprendido de mí fue heredado del Dharma [Bodhidharma]».

En resumen, y a pesar de las contradicciones existentes en las diversas fuentes, las más antiguas coinciden en citar la actividad de un monje indio o persa en la región de Luoyang durante las primeras décadas del siglo VI, por lo que la existencia de Bodhidharma suele aceptarse actualmente en los círculos académicos. No obstante, la conexión de dicho monje con el templo de Shaolin y su influencia en el desarrollo del kung-fu presenta muchas más incertidumbres y es, en el mejor de los casos, imposible de determinar de manera fidedigna.

AYUDANDO A LA DINASTÍA TANG

Otra de las leyendas que han hecho famosas las habilidades marciales del monasterio de Shaolin relata la ayuda que prestaron varios monjes a Li Shimin (626 - 649, también conocido como emperador Taizong), segundo emperador de la dinastía Tang. Según la misma, cuyo origen se sitúa durante la dinastía Qing, trece monjes del monasterio armados con sus bastones lucharon por el emperador para, según las versiones, ayudar a derrotar al ejército de la dinastía Sui, derrotar ellos mismos a dicho ejército, e incluso rescatar a Li Shimin después de que este fuese capturado. Continúa la narración describiendo cómo el emperador, en agradecimiento, permitió la creación de una fuerza militar entrenada por los heroicos monjes de Shaolin.

¿Hasta qué punto tiene esta leyenda un fundamento histórico real? A pesar de haberse magnificado hasta extremos inconcebibles, lo cierto es que existen fuentes de tipo epigráfico que confirman algunos hechos sobre una temprana tradición marcial en Shaolin. La más estudiada, entre otros por el profesor Shahar, es la *Estela de Shaolin (Shaolin si bei),* en la que se inscriben siete textos datados entre el 621 y el 728. El más extenso de ellos, escrito en el 728 por el alto funcionario Pei Cui, relata la historia del monasterio, detallando que entre el 605 y 616 diversas bandas de ladrones se dedicaron a saquear las poblaciones y monasterios de la zona. El monasterio de Shaolin también sufrió el ataque de estos rebeldes, ante los cuales los monjes se vieron forzados a defenderse, sufriendo la quema de diversas propiedades.

El texto de Pei Cui también describe que una de las propiedades del monasterio, el denominado Valle de los Cipreses *(Baigu shu)*, tenía un gran valor estratégico como ruta de comunicación con la ciudad de Luoyang. Wang Shichong (fallecido en el 621), general de los Sui, autoproclamado emperador de una nueva dinastía Zheng, y enemigo de Li Shimin, reconoció la importancia del área y estacionó allí tropas y una torre de observación, a la vez que Li Shimin acampaba en Guangwu, al este de Luoyang. Ante el eminente conflicto, Pei Cui continúa relatando cómo un grupo de monjes debatieron sobre a «cuál de las partes en conflicto está dirigida la gracia divina», antes de comprometerse con uno de los dos bandos. Esto quiere decir, de acuerdo con la opinión del profesor Meir Shahar, que la acción de los monjes no estuvo precedida de una petición de alguno de los dos bandos, y que tampoco fue una acción colectiva, sino únicamente de un grupo de monjes. Optando por Li Shimin, estos monjes lideraron un ataque a las tropas que Wang Shichong tenía en el Valle de los Cipreses, ayudando a capturar a Wang Renze, sobrino de Wang Shichong. Por todo ello, el emperador Taizong manifestó su agradecimiento a los monjes, concediendo además diversas propiedades al monasterio.

Precisamente, otro de los textos de la *Estela de Shaolin* reproduce la carta de agradecimiento de Li Shimin a los monjes de Shaolin. En esta carta, fechada el 26 de mayo del 621, además de los agradecimientos y recompensas, Li Shimin ordena que «todo el mundo debe retomar de manera pacifica su vocación previa, para siempre disfrutando de las bendiciones del cielo». Este pasaje muestra claramente que el nuevo emperador no autorizó a los monjes a organizar una fuerza militar, como cuenta la leyenda, sino que, al contrario, les ordenó retomar sus actividades religiosas y abandonar la actividad marcial.

¿Pero quiénes fueron los trece famosos monjes que lucharon del lado de Li Shimin? Sus nombres aparecen en el último de los textos de la estela: Zhicao, Huiyang, Tanzong (de quien se dice que fue nombrado general), Shanhu, Puhui, Mingsong, Linxian, Pusheng, Zhishou, Daoguang, Zhixing, Man y Feng. No obstante, la lista carece de fecha y firma, lo cual podría indicar que esta fue inscrita posteriormente bajo la influencia de las leyendas que se le asignaban al monasterio.

En cualquier caso, la acción de los monjes de Shaolin en este famoso año del 621, en el que Li Shimin derrotó a Wang Shichong y a su aliado el líder rebelde Dou Jiande (573 - 621), debe ser relativizada. Durante la campaña, como narra el historiador estadounidense David A. Graff, Li Shimin movilizó un número aproximado de cincuenta mil hombres, frente a los cien mil de Wang Shichong y Dou Jiande, lo que muestra que la participación de los monjes en esta campaña, si bien fue real, supuso únicamente una pequeña contribución a la resolución del conflicto. No obstante, la acción de los monjes sí tuvo una trascendencia efectiva para el propio monasterio, que logró mantenerse durante la dinastía Tang (618 - 907) a pesar de la decidida acción de sus gobernantes contra el budismo, que comenzaría el propio Li Shimin.

Para terminar con la disección de la leyenda, otro aspecto importante que conviene destacar es la ausencia de cualquier mención a un sistema de combate característico de los monjes de Shaolin, o a sus famosos bastones. Para explicar su implicación en los actos referidos, Stanley E. Henning ha propuesto diversas hipótesis: o bien los monjes fueron entrenados por el ejército ad hoc para participar en acciones militares; o tal vez ya conocían algún sistema de lucha antes de ordenarse como tales; o, sencillamente, los monjes participaron en la batalla aún sin tener ningún entrenamiento marcial previo.

William Acevedo, Carlos Gutiérrez y Mei Cheung

Las técnicas de bastón de los monjes de Shaolin

Existe una absoluta carencia de registros históricos que den continuidad al relato de los trece monjes guerreros. Desde principios del siglo VII hasta la dinastía Yuan (1271 - 1368) no hay ninguna constancia que revele la realización de prácticas marciales en el monasterio de Shaolin, lo que supone unos setecientos años de vacío informativo. Es precisamente la reaparición de narraciones marciales sobre Shaolin a finales de la dinastía Yuan la que da origen a la asociación entre «el arte del manejo del bastón» *(Shaolin gun fa)* —por el que los monjes adquirieron su fama— y el monasterio. Aunque pueda especularse lo contrario, la vinculación del monasterio de Shaolin con el desarrollo de estilos de combate sin armas tuvo un origen posterior, concretamente durante el siglo XVII, en el periodo de transición entre la dinastía Ming y la dinastía Qing.

Según cuenta la leyenda, aproximadamente en 1351 un grupo de rebeldes conocidos como los «Turbantes Rojos» *(Hongjin Qiyi)* se alzaron contra la dinastía Yuan. En el momento en que estos rebeldes trataron de atacar el monasterio de Shaolin, un modesto monje que trabajaba en las cocinas cargando leña se transformó en Jinnaluo (en sánscrito, *Vajrapani*) —un bodhisattva protector de Buda y símbolo de su poder—, un gigante armado con un largo bastón ante cuya aterradora presencia los rebeldes huyeron despavoridos.

La leyenda de Jinnaluo sirvió para asignar un origen divino a las técnicas del bastón de los monjes de Shaolin, que se harían famosas en toda China durante la subsiguiente dinastía Ming. No obstante, la realidad histórica parece que fue bien diferente, como así revela el historiador Tang Hao, quien señala que los Turbantes Rojos destruyeron parcialmente el monasterio, obligando a los monjes a abandonarlo durante varios años hasta su reconstrucción.

Las primeras referencias a técnicas de combate propias del monasterio de Shaolin aparecen a mediados del siglo XVI, en relación a los ataques que estaban perpetrando piratas chinos y japoneses en la costa este de China. En su manual de entrenamiento *Libro de disciplina efectiva* (*Ji Xiao Xin Shu*, c. 1562), el famoso general Qi Jiguang (1528 - 1588) enumera los métodos de combate, con y sin armas, de su época que desde su punto de vista son más efectivos. Entre los mismos, Qi cita únicamente el método de bastón de Shaolin, pero ninguna de las supuestas técnicas de combate de Shaolin a mano vacía que actualmente son famosas mundialmente. En opinión de Stanley E. Henning, este hecho podría explicarse de diversos modos: el monasterio de Shaolin no había desarrollado técnicas de combate a mano vacía dignas de ser mencionadas; Qi no consideró que las técnicas de pelea a mano vacía del monasterio fuesen efectivas; o bien las técnicas de pelea a mano vacía de Shaolin eran las mismas que se practicaban fuera del monasterio. Con todo, Qi no desarrolló las técnicas de bastón de Shaolin en su manual, sino que optó por las técnicas del bastón de su compañero de armas, el general Yu Dayou (1503 - 1579), lo que significa de un modo implícito que Qi consideraba estas últimas más efectivas.

Varias décadas después el artista marcial Cheng Zongyou publica *Exposición del método original de bastón Shaolin* (*Shaolin gunfa chan zong*, c. 1610), que es el primer manual sobre un estilo de combate de Shaolin. Cheng ilustra el comienzo del manual con una imagen de Jinnaluo, señalando además que Bodhidharma enseñó su doctrina tras su meditación de nueve años. Sin embargo, Cheng no incluye ninguna mención a que este transmitiese conocimientos marciales a los monjes. A modo de autobiografía, Cheng describe que desde su niñez siempre deseó aprender artes marciales. Tras practicar con muchos expertos, reunió el suficiente dinero para viajar al monasterio de Shaolin, donde residió durante diez años aprendiendo sus famosas técnicas de bastón. Según Cheng, únicamente unos pocos practicantes del monasterio eran dignos de ser mencionados, lo que está muy alejado de la visión general de monjes guerreros de los monjes de Shaolin.

En primer lugar, Cheng estudió con el monje Hongji, sin llegar a aprender totalmente su método. Posteriormente cambió de instructor para estudiar con el monje Hongzhuan, reconocido entre sus compañeros por su habilidad, y que con sus más de ochenta años fue capaz de enseñarle técnicas nunca antes vistas en su larga práctica marcial. Cheng también trabó amistad y practicó con los monjes Zongxiang y Zongdai. Finalmente conoció al monje Guangan, alumno de Hongzhuan, que en su opinión había mejorado las técnicas de su maestro, convirtiéndose en su discípulo tanto dentro como fuera del monasterio, ya que viajaron juntos durante varios años. El carácter de estudioso de las artes marciales de Cheng también se vio reflejado en varias obras de su autoría dedicadas a las artes del tiro con arco, la lanza, la ballesta y el sable a dos manos.

Además del tratado de Cheng, las técnicas del bastón de Shaolin también son citadas en diversas enciclopedias militares de la época. Entre las mismas, analizadas por Shahar, están el *Tratado de asuntos militares (Wu bian)* escrito por el experto militar Tang Shunzhi (1507 - 1560), y el *Tratado de preparación militar (Wubei zhi),* del oficial gubernamental Mao Yuanyi (1549 - c.1641), entre otros. A pesar de que algunos autores consideraban las técnicas de bastón de Shaolin como dignas de ser estudiadas, otros expertos militares las criticaron. Tal es el caso del ya citado general Yu Dayou, que además de famoso estratega era experto en artes marciales. Yu había sabido de la fama de las técnicas de bastón de los monjes, y con el objeto de evaluarlas realizó una visita a Shaolin aproximadamente en 1560. A su llegada, Yu solicitó presenciar una demostración del manejo del bastón, que fue realizada por un grupo de más de diez monjes. Tras la misma, Yu no vaciló en expresar su decepción a los monjes, realizando además una demostración de sus propias técnicas. Posiblemente desbordados, los monjes solicitaron a Yu que se las enseñara, a lo que este replicó que para poder aprenderlas se requerían varios años de dura práctica. Al final, los monjes Zongqing y Pucong fueron seleccionados para acompañar al general, volviendo después de tres años para cumplir su misión de transmitir las técnicas del general a sus compañeros.

Otro erudito que también practicó las artes marciales fue Wu Shu (1611 - 1695). En su libro *Registro de armas* (*Shoubi lu*, 1678), Wu hace referencia al monje de Shaolin Hongzhuan (el mismo que instruyó a Cheng Zongyou), concretamente en una sección de la obra titulada *Método de lanza del pabellón de follaje de ensueño (Menglu tang qiangfa)*. Wu crítica a los monjes porque utilizaban la lanza como si fuese un bastón, olvidando que la lanza tiene sus propias características. Aquí es importante mencionar que las leyendas que hablan de las artes de combate del monasterio de Shaolin mencionan únicamente el bastón, ya que este no era letal en comparación con otras armas, como el sable, que estarían peor vistas en la tradición budista, de naturaleza pacífica. Sin embargo, el pasaje de Wu revela que los monjes no solo manejaban el bastón, sino también la lanza y es posible que algunos otros tipos de armas. También es importante destacar que los bastones que utilizaron los monjes en las campañas militares no eran de madera, sino de hierro, lo cual los convertía en potentes armas que desde luego podían matar a cualquier adversario.

Luchando contra los piratas

Como ya hemos señalado, a mediados de la dinastía Ming piratas chinos y japoneses (*wokou,* literalmente «bandidos japoneses») comenzaron a hostigar la costa este de China, en provincias como Guanzhou, Fujian, Zhejiang y Shangdong. Los piratas estaban bien organizados y contaban con un buen armamento, además de utilizar unas tácticas que les permitían moverse con rapidez y dificultaban las labores de protección del ejército regular chino. Además, durante esta época el ejército chino atravesaba una importante crisis, con sus efectivos mal armados y faltos de entrenamiento, lo cual facilitaba los ataques de los piratas. Dada la grave situación, generales tan famosos como Qi Jiguang y Yu Dayou se vieron en la obligación de organizar unidades especialmente entrenadas para enfrentarse a estos enemigos.

Una de las tácticas utilizadas por los líderes militares fue la creación y entrenamiento de milicias *(xiang bing)* como apoyo a las operaciones del ejército regular. Entre las mismas se organizaron milicias monásticas, en las que se integraron no solo monjes provenientes del monasterio de Shaolin, sino también de otros monasterios budistas. El profesor Shahar enumera algunas campañas militares contra los piratas que contaron con la colaboración de monjes guerreros: en 1548, el monje Sanqi ocupó una posición militar en la frontera de las provincias de Shanxi y Shaanxi; en 1553 un grupo de monjes de Shaolin contribuye a la defensa de la provincia Zhejiang; en 1556, el comisionado militar de Nanjing reclutó a un grupo de monjes de Shaolin para combatir a los piratas que asolaban las costas del área de Jiangnan; en 1561, la gaceta de Zhejiang relata la participación de tropas monásticas en combates contra los piratas, aunque no especifica a qué monasterio estaban afiliados. Por último, en 1565 el comandante militar He Liangchen debate sobre las técnicas de bastón de Shaolin señalando que los monjes del monasterio de Funiu (en la provincia de Henan) también las practicaban, entre muchas otras artes de combate. Todas estas actividades tuvieron una gran resonancia en la sociedad china, consolidando el prestigio marcial del monasterio de Shaolin.

OTROS MONASTERIOS MARCIALES

El ya citado artista marcial Cheng Zongyou comenta en su *Exposición del método original de bastón Shaolin* (c. 1610) que los únicos monjes dignos de recibir el apodo de «monjes guerreros» *(wu seng)* son los monjes de Shaolin. Afirma que el monasterio de Shaolin era el único en el que se practicaban dos culturas: la marcial *(wu)* y la académica *(wue)*. Esta declaración demuestra que las gestas de los monjes frente a los piratas habían reforzado la fama marcial del monasterio de Shaolin hasta hacerle alcanzar dimensiones épicas respecto a la de otros monasterios. No obstante, a pesar de que algunos monjes de Shaolin colaboraron en la defensa de las poblaciones costeras del este del país, esta colaboración fue limitada. El mayor contingente de tropas monásticas que se ha registrado fue el que participó en la batalla de Wengjiagang (1553), con ciento veinte efectivos que persiguieron hasta aniquilar a más de cien piratas sufriendo únicamente cuatro bajas. A pesar de todo, gracias a actos de este tipo la fama del monasterio de Shaolin se engrandeció durante la dinastía Ming, eclipsando la de otros monasterios como Wutai y Emei, que habían alcanzado un renombre durante la desesperada defensa de la nación frente a las tribus del norte que desde el 1004 estaban realizando campañas de invasión sobre el territorio chino. Estas campañas fueron, indudablemente, más importantes que las emprendidas contra los piratas, ya que a pesar de su gravedad estas últimas no perseguían la conquista de la totalidad del territorio chino.

Durante la dinastía Song (960 - 1279) los monjes del monasterio de la montaña de Wutai (en la provincia de Shanxi) ya eran famosos por sus heroicos esfuerzos en apoyo de la nación, como narra el historiador chino Ma Mingda. La novela *Los bandidos del pantano* inmortalizó al monje Lu Da (o Lu Zhishen), «el Monje Tatuado», experto en el manejo del bastón de metal, que fue expulsado del monasterio de Wutai por su mal comportamiento. Otra novela que menciona este monasterio es *Romance de los generales de la familia Yang (Yangjia Jiang)* en la que se narra que el general Yang Wulang se ordenó como monje en el monasterio de Wutai, liderando un contingente de tropas monásticas frente a fuerzas de los liao khitan, una de las tribus nómadas del norte.

No obstante, la fama marcial del monasterio de Wutai había sido casi olvidada durante el gobierno de la dinastía Ming (1368 - 1644), tomando el relevo el monasterio de Shaolin. No existen fuentes que relaten con exactitud cuándo se inició la práctica marcial en Wutai; sin embargo, el área donde se ubica el monasterio fue testigo de numerosos enfrentamientos entre el grupo étnico de los han y las tribus nómadas de Asia Central, en la región de Xi Dai Zhou (provincia de Shanxi). La ubicación del monasterio de Wutai, en la frontera noroeste de China, tiene un acceso difícil, lo que le permitía ser defendido fácilmente. Como relata la *Colección de las tres dinastías (San chao bei mong hui pian)*, durante la guerra contra los invasores jurchen —futuros fundadores de la dinastía Jin (1115 - 1234)— los monjes de Wutai unieron sus esfuerzos a los del ejército de la dinastía Song para proteger la nación. Entre 1125 y

Lu Zhishen, «el Monje Tatuado», salva la vida del instructor militar imperial Lin Chong. Esta pintura se encuentra en el Corredor Largo (dinastía Qing), en Pekín.

1126 el ejercito Jin atacó el centro de China, sitiando durante más de ocho meses la ciudad de Tai Yuan (en la provincia de Shanxi) hasta el extremo de hacer morir de hambre a parte de la población civil. Durante este asedio, los monjes de Wutai combatieron hombro con hombro con los soldados Song para salvar a la población, destacando la labor de los monjes Lu Shan Nuo y Du Tai Shi, que fueron nombrados generales. Finalmente, al noveno mes del asedio la ciudad fue tomada por los invasores Jin, obligando a las tropas chinas a retirarse al monte Wutai.

Otro personaje importante aún poco conocido, y que refiere el profesor Ma Mingda, fue el monje Zhen Bao, también del monasterio de Wutai, que lideró una fuerza que combatió a los Jin, aunque sin éxito. A pesar del esfuerzo de los monjes, la superioridad militar de estos últimos terminó por imponerse hasta aniquilar a Zhen Bao y a sus tropas monásticas.

Un ejemplo más de la importancia de las tropas monásticas durante la dinastía Song se muestra en el hecho de que el sistema centralizado de los Song incluía un departamento de oficiales monásticos (*seng zheng*), cuyos puestos más elevados se nombraban en el monte Wutai. El nombramiento de estos oficiales ya había comenzado en el 979, lo cual refleja la confianza que tenían los Song hacia este leal monasterio. Durante la invasión de los Jin otros monasterios también organizaron fuerzas que combatieron contra los invasores, como el monasterio del monte Da Hing, en Hebei. Según el historiador chino de la dinastía Song del sur, Zhao Yan Heng, el fundador de este monasterio fue un monje proveniente del monasterio Wutai.

Tras la caída de la dinastía Song y la subida al poder de los Jin, los monjes de Wutai continuaron con la práctica de las artes marciales. En opinión del profesor Ma Mingda, las técnicas de combate de Wutai preservaron su sentido práctico antes de desaparecer, en comparación con las técnicas de Shaolin, que han terminado por seguir los pasos de aquellos sistemas que tienen por objeto el entretenimiento y no la eficacia combativa.

Otro monasterio reconocido como uno de los más importantes fue el del monte Emei, donde se practicaron técnicas de combate con y sin armas. El ya citado Wu Shu (1611 - 1695) incluye el uso de la «lanza de Emei» *(Emei qiangfa)* en su libro *Registro de armas (Shoubi lu)*. Del mismo modo, las técnicas de mano vacía de Emei son citadas por el escritor Tang Shunzhi (1507–1560) en su poema *Canción del Puño de Emei (Emei daoren guan ge)*. Finalmente, el monasterio del monte Funiu es nombrado por el escritor de la dinastía Ming, Zheng Ruocen (1505 - 1580), quien narra las actividades de tipo militar que realizaban estos monjes en *La primera victoria de las tropas monásticas (Seng bing shou jie ji)*.

¿QUIÉNES ERAN ESTOS MONJES GUERREROS?

Hasta ahora hemos evitado discutir una pregunta obvia. ¿Cómo es posible que los monjes budistas de Shaolin, Wutai, y otros monasterios se viesen implicados en actividades militares, si la doctrina budista prohíbe quitar la vida a otro ser vivo? Eruditos como Meir Shahar han descubierto que las actividades militares de los monjes de Shaolin no figuran en los cánones budistas que narran la historia del monasterio, lo cual podría explicarse como una forma de encubrir la violación de las normas de la congregación, que condenaba cualquier acto violento.

Como ha sucedido en la historia de todas las grandes religiones, existe una gran brecha entre la teoría y la práctica. Particularmente, la religión budista es considerada como una de las más pacíficas, y sin embargo no faltan los ejemplos en sentido contrario, como la calificación de «guerra santa» que otorgó la cúpula de las sectas budistas zen japonesas a las campañas expansionistas de Japón en Asia durante la Segunda Guerra Mundial, como revelan las investigaciones del monje zen y estudioso de las religiones Brian Daizen Victoria. Así, como señala Meir Shahar, los monjes de Shaolin habrían creado la leyenda de Jinnaluo para justificar la práctica marcial, ya que según esta las técnicas de bastón tenían un origen divino. No obstante, la contradicción entre la práctica budista y la participación en la guerra fue criticada por el emperador Yongzheng (1722 - 1735), de la dinastía Qing, quien ordenó ejecutar a todos aquellos monjes que creasen disturbios. Del mismo modo, el magistrado He Wei escribió en 1830 una crítica en la que exigía a los monjes de Shaolin que purificasen su corazón y se dedicasen a sus estudios religiosos, hecho que recuerda la orden que en el año 621 les impusiese el emperador Taizong.

Por lo general, los monasterios eran dueños de extensos terrenos, donde los monjes trabajan la tierra, estudiaban las escrituras y practicaban la meditación *(dhyana),* tras lo cual quedaba muy poco tiempo para otras actividades. Sin embargo, como se señaló en el anterior capítulo, la práctica de las artes marciales era algo común en la sociedad laica, por lo que no puede resultar extraño que muchos monjes ya conociesen las artes marciales antes de ordenarse. Asimismo, las propiedades de los monasterios requerían de una abundante mano de obra, que se nutría de la población civil. Otra razón por la que la práctica marcial era algo común en monasterios radicaba en que estos cumplían un papel importante en la vida comunal de las poblaciones aledañas. Los estudiantes que se preparaban para los exámenes imperiales solían utilizar estos monasterios para estudiar debido a su tranquilidad. Del mismo modo, los artistas marciales alquilaban habitualmente algunas de sus dependencias para enseñar a sus estudiantes en un ambiente recluido y privado.

Una posible explicación del comportamiento de estos monjes guerreros se encuentra en una novela que ya conocemos: *Los bandidos del pantano.* En ella, el anteriormente citado Lu Da, que era oficial militar, se ve forzado a huir tras quitarle la vida a un carnicero corrupto. Lu Da recibe la ayuda de una persona que le sugiere refugiarse, además, en el monasterio de Wutai. Siguiendo el consejo, Lu Da se ordena monje, recibiendo el nombre de Lu Zhishen (también conocido como «Lu, el Sagaz» o «el Monje Tatuado»). Tras un tiempo, el «monje» Lu es expulsado del monte Wutai debido a sus malos comportamientos entre los cuales se incluían embriagarse, comer carne y buscar pelea constantemente.

Otro personaje famoso en muchas novelas —la primera novela de este tipo se publicó en 1569— es el monje loco Ji *(Jidian),* que también violaba constante-

Sección de un mural del Salón del Mahâsattva Vestido de
Blanco, en el monasterio de Shaolin, en el que diversas
parejas de luchadores se enfrentan en combates a manos
desnudas. El mural fue pintado a principios del siglo XIX,
durante la dinastía Qing.

mente las normas de su comunidad religiosa. Estos
relatos permiten explicar las razones que hicieron
participar a algunos «monjes» en campañas militares,
aun violando las normas de su religión, e incluso exhi-
biendo comportamientos notablemente cruentos. Como
ejemplo, la ya citada batalla de Wengjiagang (1553),
en la que ciento veinte monjes aniquilaron a más de
cien piratas, y donde uno de los monjes mató con su
barra de hierro a la esposa de un pirata, la cual aparentemente estaba desarmada. Así, es lógico concluir que
los monjes guerreros contaron con el visto bueno, más
o menos explícito, de su comunidad religiosa para
participar en actos bélicos, y que estos monjes debie-
ron serlo solo en apariencia.

3

El arte de la guerra

Muchas de las técnicas de combate propias de las artes marciales se originaron a partir de experiencias directas en el campo de batalla, donde lo importante era sobrevivir. Matar y no ser muerto. Sin embargo, las artes marciales casi siempre se han querido revestir con concepciones de tipo mitológico, religioso y espiritual. En el caso particular de las artes marciales chinas, el historiador estadounidense Charles Holcombe señala que las artes marciales chinas se han presentado como «ejercicios cubiertos con el manto de arcaicos misterios religiosos». También se han visto como consecuencia de una supuesta conexión entre lo marcial y el budismo Chan, hasta el extremo de que en la actualidad el kung-fu se ha relacionado con prácticas de tipo esotérico, lo cual está muy alejado de su original carácter utilitario como métodos de combate. El kung-fu se desarrolló fundamentalmente en y para el ámbito militar, y fue practicado por famosos personajes de la historia china, algunos de los cuales analizaremos en este capítulo. Algunos de estos personajes tuvieron que superar los exigentes exámenes imperiales que ya desde la dinastía Sui (581 - 618 d. C.) se instauraron en China con la intención de seleccionar a los líderes más capaces.

Kung-fu y religión

A pesar de que las diferentes escuelas religiosas y filosóficas existentes en China, como el confucianismo, el budismo o el taoísmo, han influido en algunos casos en concepciones de tipo teórico de las artes marciales en el modo en que sus practicantes describen sus habilidades, no es hasta finales de la dinastía Ming cuando estas comienzan a identificarse con el cultivo espiritual del individuo y las prácticas de tipo esotérico propias de otras tradiciones chinas como la alquimia taoísta, circunstancia que se enfatizaría muy posteriormente en Occidente con la popularización del movimiento New Age a partir de los años sesenta del siglo XX. Y es que, como hemos visto, las habilidades del kung-fu tenían como principal objetivo derrotar al enemigo en el campo de batalla, incluso en el caso de las milicias monásticas cuyos integrantes se involucraron en actividades bélicas aun a costa de violar las estrictas normas que mantenía la religión budista contra la violencia.

Sin embargo, sí puede afirmarse —como no podía ser menos— la influencia de la religión sobre la actividad bélica en la historia china. Como comenta David A. Graff, durante la campaña emprendida por Li Yuan, conocido como emperador Gaozu (618 - 626 d. C.), que le llevaría a coronarse como emperador de la recién alumbrada dinastía Tang, este utilizó además de sus habilidades diplomáticas diversas formas de propaganda tradicional simbólica en forma de augurios para lograr el apoyo de las élites. Algunos de estos augurios, todos ellos de marcada influencia taoísta, fueron el descubrimiento de rocas con inscripciones que aseguraban la victoria de los Tang o la aparición de nubes púrpuras en el cielo, signos que supuestamente confirmaban el soporte divino a su causa.

Del mismo modo, y de acuerdo con la profesora de estudios religiosos Shin-yi Chao, de la universidad estadounidense Rutger, en 1017 un grupo de soldados Song estacionados en la cuidad de Kaifeng (provincia de Henan) vieron una tortuga y una serpiente entrelazadas cerca de sus barracas. Estas dos criaturas son la representación del dios taoísta de la guerra Zhenwu («el Guerrero Perfecto»), lo que hizo que se construyese una capilla en su honor que llegaría a ser visitada por cuatro emperadores Song. Esta simple capilla contó con el patrocinio del emperador Zhenzong (997 - 1022), quien ordenaría la construcción de un templo que más adelante también visitaría el emperador Renzong (1022 - 1063) para honrar a este dios guerrero.

La devoción a Zhenwu permaneció no solo entre los soldados rasos, sino también entre los oficiales militares. Este vínculo entre el ejército y los fenómenos místicos en forma de augurios o premoniciones fue puesto rápidamente bajo control imperial para así evitar que dichas prácticas amenazaran la estabilidad de los Song. Como ejemplo de la severidad de la prohibición de las prácticas místico-religiosas, se decretó que aquellos militares que estableciesen templos en las bases serían exiliados durante un año, aunque estas medidas no fueron suficientes para erradicar los cultos y ritos practicados por los soldados. La profesora Chao también describe que Zhenwu fue la inspiración para la creación de un ritual de tipo taoísta, que sirvió en parte como catalizador de la desastrosa derrota que sufrió el ejército Song del Norte entre 1126 y 1127 en el asedio de la ciudad de Kaifeng. Durante este episodio, el gran consejero He You (fallecido en 1128) encomendó la defensa de la ciudad a Guo Jin, un militar de bajo rango que decía dominar un rito que supuestamente haría invisible al ejercito Song ante sus enemigos jurchen, la tribu del norte que pocos años antes había proclamado el nacimiento de la dinastía Jin (1115 - 1234).

Saltando nuevamente en la historia, un caso similar se encuentra en la famosa Rebelión de los Bóxers (*Yihe Tuan*, 1898 - 1901), en la que los combatientes chinos miembros de las sociedades secretas, que se alzaron contra los extranjeros que ocupaban suelo chino, mezclaron la práctica del kung-fu con ritos de invulnerabilidad, creyendo que mediante los mismos serían inmunes a las espadas y a las armas de fuego. Como era de esperar, esta creencia terminó en desastre, con miles de bóxers muertos y la capitulación de la dinastía Qing ante las potencias ocupantes.

En definitiva, puede concluirse que a pesar de que algunos miembros del ejército, o de otras instituciones que practicaron las artes marciales, tuvieron sus propias deidades patronas e incluso realizaron ritos religiosos asociados a sus actividades marciales, esto no significa que la religión fuese la fuente de las técnicas de lucha chinas, o que las prácticas místicas y religiosas fuesen parte formal del entrenamiento marcial. Como refiere Douglas Wile, profesor de lengua y literatura china del Brooklyn College, el arte de la guerra era una empresa ecléctica, que exigía amplios conocimientos de geografía, psicología, estrategia, técnicas marciales, etc. que formaban parte de la preparación de los generales, como así refiere la obra *Compendio marcial (Wubian),* escrita por el experto militar Tang Shunzhi (1507–1560). En esta obra se recomendaba a los generales que practicasen cierto tipo de meditación con el objetivo de elaborar conjuros que les ayudasen a alcanzar la victoria en el campo de batalla. No obstante, estas prácticas no eran impuestas, sino una opción de tipo personal.

LOS EXÁMENES IMPERIALES

Aunque los exámenes civiles imperiales *(ke ju)* tienen sus antecedentes en la dinastía Han (206 a. C. - 220 d. C.), de acuerdo con el historiador japonés Ichisada Miyazaki de la Universidad de Kyoto, el comienzo oficial del sistema de exámenes imperiales se produjo durante la dinastía Sui (581 - 618 d. C.), teniendo como objetivo asegurar la autoridad imperial frente a las familias aristocráticas que hasta el momento habían dominado la política China. Los exámenes civiles imperiales estaban concebidos como exigentes pruebas jerarquizadas por niveles para que solo aquellos con méritos y capacidad suficiente ocupasen posiciones de influencia en la estructura civil del gobierno. Estos exámenes continuaron durante la dinastía Tang (618 - 907), pero se desarrollaron notablemente durante la dinastía Song (960 - 1279), para terminar de suprimir el dominio de las aristocracias y perfeccionar la burocracia civil. Aunque con notables altibajos, el sistema de exámenes imperiales chino siguió implementándose hasta 1905 —año en que la emperatriz regente Cixi decretó su abolición—, dejando como legado el mantenimiento de la unidad cultural y la conciencia nacional de China, al menos entre aquellos que habían podido ser educados para aspirar a superar dichos exámenes.

El nivel de dificultad de los exámenes imperiales puede intuirse al leer las palabras del profesor Ichisada, que los califica como «*el infierno de los exámenes chinos*». En primer lugar, solo los varones podían presentarse a los mismos. Los estudios comenzaban a una edad muy temprana, y según Ichizada los exámenes requerían la memorización de los Cuatro Libros y los Cinco Clásicos confucianos (esto es, *La gran enseñanza*, *Analectas de Confucio*, *El justo medio*, *Libro de Mencio*, *Clásico de los cambios*, *Clásico de la poesía*,

Clásico de los ritos, *Clásico de la historia* y *Crónicas de primavera y otoño*), los cuales suman un total de ¡431 286 caracteres! Si esto se compara con el número de caracteres que un estudiante moderno con un alto nivel de instrucción aprende en China, que son aproximadamente 7 000, es posible hacerse una buena idea de su tremenda dificultad.

Paralelamente al sistema de exámenes civiles, pronto se instauró un sistema oficial de exámenes militares *(wu ju),* que sustituiría los sistemas tradicionales de ascenso basados en la pertenencia a la élite militar o en la acumulación de méritos relevantes en el campo de batalla. Como ejemplo, la profesora Zhao Dongmei, del departamento de Historia de la Universidad de Pekín, cita que durante la campaña de los Tang en Corea el soldado Xue Rengui (614 - 683) impresionó al emperador Taizong con su destreza y arrojo hasta el punto de que este le nombró general de su ejército. Por el contrario, en tiempos de paz las oportunidades de ganar este tipo de reconocimientos eran prácticamente nulas.

Como señalamos en el primer capítulo, la emperatriz Wu Zetian (690 - 705) instituyó los exámenes militares, buscando con ello la sustitución de la cúpula militar existente por oficiales capaces que serían leales a la emperatriz y a su brevísima dinastía Zhou (690–705), además de «promover la práctica de las artes marciales *(wu yi)* de todos bajo el cielo». Los exámenes se llevaban a cabo con una frecuencia anual, y los que los superaban eran aceptados como oficiales. Durante la dinastía Tang los candidatos tenían que suministrar información de su familia, lugar de nacimiento, estado marital, etc. Una vez evaluada y aprobada esta información, eran sometidos a duras pruebas donde se examinaba su habilidad con la lanza a caballo y en tiro con arco como aspectos fundamentales, además de su fuerza y coraje. Como dato curioso, y a pesar de la imagen que tradicionalmente Occidente tiene de los chinos como pueblo de baja estatura, se exigía una estatura mínima de 1,80 metros. Asimismo, ha de citarse que a pesar de que los exámenes buscaban seleccionar los mejores candidatos no existía ningún tipo de prueba teórica. Como refiere la profesora Zhao, este hecho fue criticado por Xu Qianguang, consejero imperial de Wu Zetian, que en un memorando destinado a la emperatriz criticaba el método usado en los exámenes, ya que desde su punto de vista el conocimiento de estrategia militar era más importante que la habilidad práctica con las armas de guerra. A pesar de esta crítica —ciertamente fundamentada—, la emperatriz desoyó los consejos de Xu, continuando únicamente con las pruebas prácticas ya que el interés de la emperatriz era reemplazar a la cúpula militar con aquellos leales a su causa.

Durante la dinastía Song (960 - 1279), los exámenes militares incluyeron pruebas de tipo literario, incluyendo ya el estudio de estrategia militar *(bing shu)* entre otros temas del mismo tipo. De este modo comenzó a ponerse más énfasis en la parte teórica y literaria de los mismos, lo cual limitaba el número de candidatos que podían superarlos debido a la selecta educación previa que se requería; también se siguieron evaluando habilidades prácticas como el tiro con arco y las habilidades ecuestres, entre otras. La profesora Zhao explica que esto se debió a que tras la consolidación de los Song, en el 960, el primer examen militar tuvo lugar en 1063, en un momento en el que el servicio civil había alcanzado un completo nivel organizativo. Fueron los funcionarios civiles quienes idearon los exámenes militares, enfatizando la importancia del componente teórico y literario de los mismos, en perjuicio del componente práctico.

Tras la caída de la dinastía Song y la llegada de la dinastía Yuan los exámenes militares fueron elimina-

像后皇天则

Retrato de a emperatriz Wu Zetian (690 - 705), la primera y
única mujer en China que gobernó su propia dinastía,
bautizada como Zhou. Fue además la encargada
de instituir los exámenes militares imperiales.

dos. En su lugar, los puestos del ejército se hicieron hereditarios y eran ocupados únicamente por miembros de la dinastía invasora. En 1368, cuando da comienzo la dinastía Ming, el emperador Hongwu (también conocido como Taizu, 1368 - 1398), se deshizo de muchos de sus generales por temor a perder el control de la naciente dinastía, y por este mismo motivo no retomó los exámenes militares de manera inmediata.

De acuerdo al historiador Ma Mingda, no es hasta 1478 cuando se instauraron una vez más los exámenes militares gracias a la sugerencia del eunuco imperial Wang Zhi, que era un gran adepto a las artes marciales y a las ciencias militares. En 1493 se estableció que los exámenes militares tendrían lugar cada seis años, incluyendo habilidades eliminatorias de tiro con arco a pie y tiro con arco a caballo. Más adelante se sugirió llevar a cabo estos exámenes cada tres años, incluyendo pruebas como tiro con arco *(ma bu jian),* habilidad con la lanza larga *(qiang),* sable *(dao),* espada recta *(jiang),* alabarda *(ge),* boxeo *(baida),* lucha *(bo),* armas cortas *(ji ci),* etc. La segunda parte del examen incluía materias aplicadas al campo de batalla *(ying zhen)* como eran las minas *(di lei),* la pólvora *(huo yao),* los carruajes (*zhan che*), etc. La última parte de los exámenes constaba de un amplio abanico de conocimientos teóricos como estrategia, astronomía, geografía... Con todo, y a pesar de este buen diseño teórico, estas sugerencias no fueron adoptadas sino parcialmente.

Durante la dinastía Qing los exámenes militares imperiales conocieron un periodo de revitalización. La profesora Zhao revela que en 1693 el emperador Kangxi (1661 - 1722) descubrió, al revisar la lista de candidatos aprobados, que la gran mayoría provenía de las provincias de Zhejiang y Jiangsu, en el sur del país, y solo unos pocos provenían de las provincias de Shaanxi y Henan, en el centro y oeste. Al cuestionar las razones de esta disparidad se reveló que esto se debía a que en el resultado del examen era determinante la calidad de la composición escrita del candidato, y por ello las provincias del sur, más avanzadas económica y culturalmente, sobresalían del resto. El emperador consideró que esto era absurdo, ya que el deber de un oficial militar era el de comandar y combatir en el campo de batalla, no escribir composiciones literarias, y por esta razón ordenó que las habilidades ecuestres y en el tiro con arco fuesen más importantes.

En términos generales, los exámenes comenzaban a un nivel distrital, logrando los que los superaban el título de «licenciado militar» *(wu sheng)*. El éxito en los exámenes provinciales conducía al título de «hombre militar recomendado» *(wu chu jen)*, convirtiendo al candidato en oficial junior. Finalmente los exámenes nacionales, que se llevaban a cabo en el palacio imperial, conducían al título de «erudito militar aprobado» *(wu chin shi)*. También hay que tener en cuenta que cada unos de estos niveles contaba con sus respectivos escalafones.

Los exámenes incluían pruebas de tiro con arco montando a caballo y pruebas de fuerza, en las cuales el candidato debía extender un arco con una tensión equivalente a 8, 10 o 12 *li* (44, 55 y 66 kg, respectivamente; un *li* equivale a 5,5 kg), ejecutar una demostración con una alabarda de 80, 100 o 120 *jin* (48, 60 y 72 kg, respectivamente; un *jin* equivale a 0,604 kg), y levantar una roca con un peso de 200, 250 o 300 *jin* (120, 151 y 181 kg, respectivamente); dependiendo del nivel de dificultad se asignaría una puntuación mayor o menor al candidato. Por último, la prueba final consistía en exámenes escritos acerca de los clásicos militares *Arte de la guerra (Bing fa)*, de Sun Tzu y *Métodos de Ssu Ma (Ssu Ma fa)*, de autor desconocido, entre los mas importantes, aunque estos tenían un valor bajo respecto a la puntuación total.

Con el tiempo, los exámenes militares imperiales se fueron quedando obsoletos, hecho que fue dolorosamente reconocido por los líderes de la dinastía Qing cuando su ejército comenzó a sufrir incontestables derrotas frente a las más modernas tropas de países extranjeros desde la Primera Guerra del Opio (1839 - 1842). Baste citar que en esta época, cuando el uso de armas de fuego era ya un hecho común entre los ejércitos, los exámenes imperiales aún consideraban el tiro con arco como una habilidad básica de batalla. En 1895 el ministro de la corte Rong Lu (1836 - 1903) envió un memorando al emperador Guangxu (1875 - 1898) en el que le aconsejaba abolir los exámenes militares por su obsolescencia en el escenario de la guerra moderno. El último de los exámenes militares se llevó a cabo en 1901.

EL GENERAL YUE FEI

Una de las figuras históricas más famosas en China es el general Yue Fei (1103 - 1142), todo un símbolo del nacionalismo y patriotismo chinos, y a quien también se le atribuye la creación de diferentes sistemas de artes marciales que aún se practican en la actualidad. Entre los mismos cabría sin duda destacar pie penetrante *(chuojiao),* garra de águila *(ying zhua pai),* boxeo de los inmortales borrachos (*zuai quan*), puño rotante *(fanzi),* boxeo de la mantis *(tanglang quan)* y puño de la mente y de la intención *(xingyi quan).* No obstante, la atribución de estos estilos a Yue Fei se basa en leyendas transmitidas a lo largo de los siglos que han tratado de ensalzar un determinado estilo o glorificar la memoria de este héroe —ambas prácticas muy comunes en China, y no únicamente en el ámbito de las artes marciales—, hasta tal punto de atribuírsele poderes mágicos.

A pesar de su importancia, los registros que narran la historia de Yue Fei son escasos. Esto es debido a que sus enemigos en la corte imperial, entre los cuales destacó el influyente oficial Qin Kuei (1090 - 1155), se encargaron de eliminar o falsificar cualquier referencia a Yue en los documentos oficiales de los Song. La enemistad de Yue y Qin se fundamentaba en que este último estuvo a favor de hacer concesiones y buscar la paz con los invasores jurchen, de la dinastía Jin, circunstancia a la que Yue se opuso frontalmente. No obstante, salvando los intentos de los enemigos de Yue de relegar su memoria al olvido, fue su nieto Yue Ko quien escribió dos biografías hacia 1300 que narran la historia de su abuelo, a quien por otro lado nunca conoció. Asimismo, el historiador estadounidense Edward Harold Kaplan, de la Universidad de Iowa, señala que algunos historiadores chinos de los siglos XII y XIII corrigieron algunas de las falsificaciones contenidas en la *Historia de Song (Song Shi)* en las entradas que hablan de Yue Fei. Otros historiadores contemporáneos han señalado que las biografías escritas por el nieto de Yue Fei fueron intencionalmente embellecidas, por lo que también mantienen ciertas reservas respecto a los datos que aportan.

Según la biografía de Yue Ko, el nacimiento de Yue Fei estuvo acompañado de signos que señalaban su trascendente futuro. Así, relata que durante su alumbramiento un ganso sobrevoló en círculos el hogar de la familia, razón por la cual su padre Yue Ho, que era un granjero formado, escogió el nombre de *Fei* («volar») para su hijo. También se relata cómo Yue Fei representaba el ideal de Confucio de caballero educado (*junzi*), al estudiar no solo los clásicos y practicar las artes de la guerra, sino también porque destacaba por su integridad, inteligencia, disciplina y lealtad.

Respecto al entrenamiento marcial de Yue, Yue Ko menciona que siendo joven su abuelo estudió tiro con arco con su tutor Zhou Tong (fallecido en 1121), y según el historiador Stanley E. Henning también estudió lanza con Cheng Guang, del que no sabemos más que su nombre. Las diferentes versiones de las leyendas relacionadas con Yue Fei han creado historias que varían desde afirmar que Zhou Tong provenía del monasterio de Shaolin hasta asignar sus técnicas de lanza al monasterio de Wudang, otro de los lugares icónicos del kung-fu sobre el que hablaremos posteriormente. Una de las novelas más conocidas que relata de manera fantástica la historia de Yue Fei, titulada *Historia de Yue Fei* (*Shuo yue quan zhuan*, escrita por Qian Cai, que vivió hacia los años 1661 - 1735), llega a afirmar que Zhou era experto en las dieciocho armas de guerra: lanza, sable, espada recta, bastón, albarda, hachuela, hacha de guerra, espada con gancho, tenedor gigante, trincho, maza de guerra, martillo de guerra esférico, martillo de guerra de ocho puntas, látigo de metal, jabalina, escudo y cadena.

Sea como fuere, se le reconocen a Yue unas habilidades marciales extraordinarias. Particularmente, su habilidad con el arco es legendaria, y son numerosas las narraciones, entre ellas las de su nieto, que describen cómo durante sus numerosas campañas contra los jurchen y contra de los rebeldes que se oponían a la consolidación de los Song del Sur Yue fue capaz de eliminar a muchos oficiales enemigos gracias a su destreza en el tiro con arco, arma que manejaba con ambas manos y cuyo uso enseñó a sus soldados. La fuerza atribuida a Yue llega a similares extremos, existiendo citas —con toda probabilidad exageradas— recogidas por historiadores modernos como Kaplan o Henning que describen cómo el general era capaz de extender un arco con una tensión equivalente a 300 *jin* (181 kg).

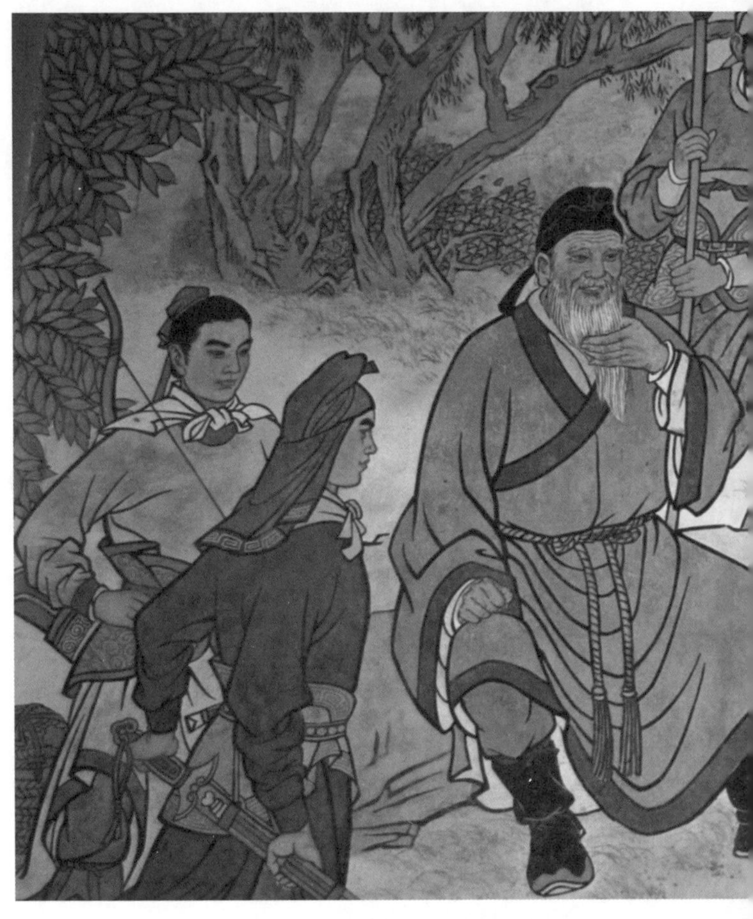

Mural en el templo de Yue Fei en Hangzhou, ciudad que fue capital de la dinastía Song del Sur. En él se representa a Yue Fei practicando el tiro con arco bajo la tutela de su profesor, Zhou Tong. Aunque el templo se construyó durante las primeras décadas del siglo XIII, ha sido demolido y reconstruido numerosas veces a lo largo de la historia, por lo que la gran mayoría de sus estructuras son mucho más modernas.

Con todo, ni las biografías que Yue Ko hizo de su abuelo ni los registros oficiales recogen que Yue Fei creara ningún sistema de combate, particularmente algún sistema de combate sin armas idéntico o similar a los que se le atribuyen en la actualidad. En este sentido, Stanley E. Henning revela que en la provincia de Hubei (en el centro oriental de China), que fue testigo de las campañas más feroces de Yue Fei contra los jurchen, existe uno de los mejores sistemas de organización de estilos de kung-fu, muchos de los cuales dicen remontan su linaje a Yue Fei.

Pero, sin duda, las cualidades más importantes de Yue fueron sus dotes de liderazgo. Las tropas de Yue eran en su mayoría del norte de China, como lo fue este general antes de la caída de los Song del Norte en 1127; sin embargo, debido a su carisma Yue atrajo la lealtad de pobladores del sur, entre los que se encontraban miembros de diversas clases sociales e incluso bandidos. A pesar de la necesidad de soldados, Yue seleccionó cuidadosamente a sus hombres, descartando aquellos de edad avanzada o con mala condición física. Hecha esta selección, sometía a las tropas a un entrenamiento tremendamente exigente, que comprendía prácticas como escalar muros, obstáculos naturales y saltar trincheras mientras se portaba una pesada armadura, además del lógico manejo de armas.

Yue Fei se ganó la lealtad de sus oficiales y soldados incluso a pesar de todas las intrigas existentes entre los líderes Song, y que a la postre le llevarían a su encarcelamiento y asesinato. Esa lealtad la logró mediante el ejemplo, imponiendo una disciplina de hierro que él mismo asumía compartiendo sus raciones y penalidades, e incluso cargando en el frente de batalla contra el enemigo. Yue también se ganó la admiración de la población civil al no permitir los saqueos y agresiones de sus tropas, motivo por el que se erigieron capillas en su honor. No obstante, Yue Fei tuvo un final

Estatuas de hierro de Qin Kuei (1090 - 1155), enemigo político de Yue Fei y líder de la facción que defendía ceder ante los invasores Jin, y su mujer, la señora Wang. Estas estatuas están frente a la tumba de Yue Fei, arrodilladas en arrepentimiento por haberle envenenado cuando estaba en prisión. Durante siglos, los visitantes han escupido sobre estas estatuas como signo de repulsa.

trágico, como muchos héroes, que le impidió alcanzar su sueño de recuperar los territorios perdidos por los Song a manos de los jurchen al norte del río Yangze.

Muchos siglos después de su muerte, el legado patriótico de Yue fue utilizado como inspiración en la lucha contra la dinastía Qing, de origen manchú —por tanto extranjera—, y que además descendía de los antiguos invasores jurchen. Para consolidar su dominio, los Qing prohibieron la práctica del kung-fu —al cual se denominaba «boxeo y bastón» *(quanbang)*—, y del mismo modo censuraron cualquier escrito que tuviese algún tipo de simbolismo patriótico, como pudiera ser la figura del legendario Yue Fei.

De acuerdo con el profesor Douglas Wile, en la obra *Teoría del boxeo último supremo (Taijiquan shi),* descubierta por el pionero de la investigación de las artes marciales chinas Tang Hao (1897 - 1959), se asigna la creación del *taiji quan* (boxeo último supremo, más conocido como *tai chi chuan*) a Wang Zongyue. El nombre *Wang Zongyue* se traduce como «Reverenciado Yue», lo cual unido al hecho de que la biografía de Wang Zongyue que aparece en esta obra fue tomada de un manual de manejo de la lanza, que es otra de las habilidades que hicieron famoso a Yue Fei, le lleva a concluir que el supuesto creador del *taiji quan*, tal y como aparece en el libro descubierto por Tang, es simbólicamente Yue Fei, el enemigo de los antecesores de los manchúes.

El general Qi Jiguang

Qi Jiguang, otro de los generales más famosos de la historia china, nació el 10 de enero de 1528 en Deng Zhou (provincia de Shandong, en el litoral este de China), en el seno de una familia de larga tradición militar. Su padre, Qi Jingtung (1473 - 1544), que había heredado de su abuelo la posición de comandante de la guardia de Deng Zhou, se aseguró de que su hijo recibiese una buena educación en los clásicos y en literatura, además del entrenamiento militar propio de un joven de su estirpe. Con el tiempo, Qi Jiguang heredó el cargo de su padre en Deng Zhou, llevando a cabo sus deberes de manera eficiente, y en 1549, con veintiún años, se presentó a los exámenes militares imperiales en Shandong, recibiendo el grado de *wu chu jen* (hombre militar recomendado). Un año más tarde, Qi no superó los exámenes imperiales en Pekín, pero continúo prestando su servicio en la capital, el mismo año en que un ejército de unos cien mil guerreros mongoles *(meng gu)* atacaba la ciudad causando la muerte de más de sesenta mil ciudadanos y el apresamiento de otros cuarenta mil. A pesar de la prosperidad de la dinastía Ming, que despertó la ambición de sus vecinos mongoles y la de grupos de piratas japoneses *(wokou)* y de otras naciones que asediaron las costas del este de China, su ejército se encontraba en una mala situación, con falta de recursos y entrenamiento, circunstancia que facilitó el hostigamiento de la nación.

Ante tales circunstancias, en 1553 Qi recibió el cargo de comisionado asistente militar de Shandong, encargándose de la defensa costera de la provincia. Es durante esta época cuando comienzan a intensificarse los ataques de los piratas en las costas de la provincia de Zhejiang, por lo que el gobierno Ming decidió asignar a un selecto grupo de oficiales el fortalecimiento de las defensas de la región. Qi fue designado comandante asistente para defender la parte este del río Qian Tang así como refuerzo a las ciudades de Ning Bo, Shao Xing y Tai Zhou. Gracias a su excelente desempeño, Qi obtuvo el reconocimiento y protección de Tan Lun (1520 - 1577), prefecto de Tai Zhou que más adelante ocuparía el cargo de ministro de la guerra.

En estos momentos, los efectivos de la dinastía Ming contaban con una fuerza de más de ciento veinte mil hombres, siendo en su gran mayoría «soldados» solo de nombre, ya que carecían de cualquier tipo de entrenamiento militar. Qi cambió todo esto; en primer lugar asignó un salario a sus soldados, así como también los equiparía y entrenaría para las difíciles tareas que les pretendía asignar. En 1557, Qi propuso entrenar una fuerza de voluntarios provenientes de la ciudad de Shao Xing (provincia de Zhejiang), que utilizó un año más tarde en una de sus primeras campañas contra los piratas con resultados desastrosos. Qi declaró que su derrota se debía a que los ciudadanos de centros urbanos no servían para ser soldados e insistió en reclutar campesinos. Debido a esta derrota, Qi fue relevado de su comando para dedicar sus esfuerzos a entrenar una fuerza de tres mil hombres. Qi aplicó su experiencia y creatividad para organizar la fuerza militar mejor preparada en la historia de China, conocida como «El ejército de la familia Qi» *(Qi jia bing)*. De acuerdo con el historiador Ray Huang de la Universidad de Michigan, Qi se vio forzado a organizar hasta los detalles más mínimos de sus tropas (salario, etiqueta, señales de batalla, raciones, etc.), lo que demuestra la falta de una organización militar previa eficiente. Otra de las acciones que emprendieron Qi y sus compañeros de armas, entre los cuales se destaca el ya citado general Yu Dayou (1503 - 1579), del que hablaremos en breve, fue en lo relativo a la organización de milicias en poblados y monasterios como soporte local a las campañas del ejército regular, así como el reclutamiento de instructores marciales para el entrenamiento de sus tropas.

La aportación de Qi a la historia del kung-fu es especialmente relevante. Aunque Qi y sus contemporáneos discutieron diversos métodos para enfrentar a los piratas, él fue el único que plasmó todas estas ideas en un manual comprensivo de entrenamiento, en el que incluía aspectos como tácticas de guerra, formaciones de batalla, formaciones navales, señales, uso de armas (lanza, sable, escudo, tridente), además técnicas de combate sin armas. Creó una rutina —como señalamos en el capítulo uno, una serie de movimientos preestablecidos ideados para el desarrollo de la habilidad marcial— de treinta y dos movimientos con la cual entrenó a su ejército y que incluiría en su *Libro de disciplina efectiva* (*Jixiao xinshu*, 1560), concretamente en la sección titulada *Esencia del clásico de pugilismo (Quan jing jie yao pian)*. Para la creación de su rutina, Qi analizó, por medio de un importante trabajo de eclecticismo, los que él consideraba los métodos de combate a mano vacía más efectivos de su tiempo. No obstante, para Qi el combate a mano vacía solo servía como preparación para el manejo de armas, cuya destreza consideraba más importante. En su opinión, «las técnicas de combate a mano vacía parecen tener poca relevancia en la ciencia de la guerra en masa. Sin embargo, desde el punto de vista de ejercitar las extremidades y entrenar el cuerpo, esta es la mejor introducción. La lucha a mano vacía es la base de las técnicas de combate», y por ello las incluyó en la preparación de sus tropas.

La obra de Qi tuvo influencia más allá de las fronteras de China. Seonjo, rey de Corea (1567 - 1608), obtuvo una copia del *Jixiao xinshu* a través de sus espías, ordenando a varios de sus oficiales a que estudiaran los métodos de combate de los soldados de la dinastía Ming para luego publicar en 1598 su versión que tituló *Manual comprensivo de las artes marciales (Muyejebo)*. Un caso similar ocurrió en Japón, donde se reprodujo la sección de pelea sin armas y bastón del manual de Qi en las obras *Secreto de alta estrategia (Heiho hidensho*, c. 1710), supuestamente basada en los escritos del famoso samurái general del clan Takeda Yamamoto Kansuke (1501 - 1561), y *Primeros estudios de artes marciales* (*Bujutsu hayamanabi*, de hacia 1757), como lo revela la historiadora coreana Park Kwi Soon.

Como estratega, una de las innovaciones de Qi fue la creación de una formación de combate a la que bautizó como «formación pato mandarín» *(yuan yang zhen),* que consistía en un grupo de doce hombres con diferentes armas y con una tarea específica dentro de la misma; un líder, dos soldados armados con escudos y sables, dos con lanzas de bambú con ramas afiladas, cuatro con lanzas largas, dos con tridentes y un cocinero encargado de deberes logísticos. Esta formación, que podía dividirse a su vez en dos unidades de cinco hombres, fue diseñada para poder vencer a los piratas japoneses, que habían probado ser tremendamente eficaces con sus arcos, flechas y sables. Qi analizó además las armas y técnicas de esgrima de los piratas japoneses, creando sus propios sables e incluyendo el uso de cañones y otras armas de fuego como parte de su ejército. No obstante, a pesar de la existencia y conocimiento en el uso de armas de fuego en este periodo, Qi las utilizó de manera muy general y no como el arma oficial de sus soldados, lo cual se debe a la falta de organización ya citada, la cual era necesaria para la creación de arsenales que suministraran estas armas.

Con todo, las unidades de Qi pueden considerarse como el equivalente a las fuerzas especiales de los ejércitos modernos. Adicionalmente al entrenamiento de técnicas de combate con y sin armas, Qi enfatizó el mantenimiento de un buen estado físico en sus tropas mediante la práctica con armas más pesadas de lo normal, el uso de bolsas de arena atadas a los tobillos para incrementar el esfuerzo del soldado al correr o el uso de armaduras más pesadas.

Pocos años después de su relevo, y tras haber entrenado a sus tropas, Qi fue asignado una vez más al

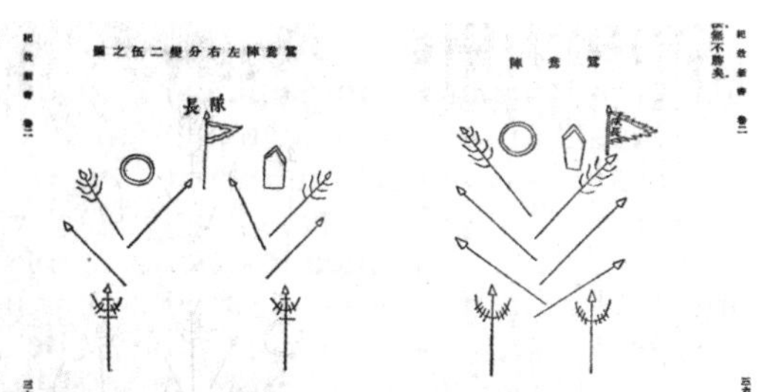

Dos disposiciones de la formación «pato mandarín», del
Libro de disciplina efectiva (*Jixiao xinshu,* 1560). Como
puede apreciarse, al frente se situaba el líder y los escudos y
sables, a continuación las lanzas de bambú con ramas
afiladas, seguidamente las lanzas y por último los tridentes.
El cocinero, encargado de deberes logísticos,
no aparece en el diagrama.

campo de batalla donde se enfrentó a un nuevo contingente de piratas en las costas de la ciudad de Tai Zhou. De nueve enfrentamientos Qi venció en todos ellos con casi ninguna baja, lo que sirvió para probar la validez de sus métodos de entrenamiento y recuperar su posición como comandante asistente, encargado de defender áreas específicas de las costas chinas que sufrían los ataques piratas. Entre 1562 y 1563, Qi participó en otras batallas en la provincia de Fujian, donde nuevos refuerzos de los piratas se estaban organizando. Una vez más, las fuerzas chinas recuperaron las ciudades y territorios capturados por los piratas; en esta ocasión, además de su ejército Qi contrató a hombres nativos de Fujian y los entrenó de manera exitosa.

Todas estas victorias hicieron que en 1567 Qi regresase a Pekín con el grado de general y la difícil misión de enfrentarse a la amenaza del norte. La ciudad de Pekín, al igual que otras ciudades del norte de China, estaban protegidas por muros que trataban de ser un obstáculo insalvable para las incursiones de los mongoles. Sin embargo, estos muros estaban hechos con materiales poco consistentes como el barro, y tenían un diseño que no permitía ubicar soldados en su parte superior. Qi diseñó un nuevo método de defensa mediante la construcción de muros y torres —que aún rodean la ciudad de Pekín— que albergaban grupos de cincuenta soldados comunicados entre sí mediante plataformas a varios metros de altura. En un principio, Qi solicitó la construcción de tres mil torres, de las que finalmente solo se construyeron mil doscientas. Además, las murallas tenían métodos de comunicación, cañones, puestos de observación y alojamiento para soldados. Se crearon puestos de avanzada fuera de la muralla que servían para alertar a los vigilantes que estaban ubicados en la misma, que a su vez alertaban a los cuarteles ubicados tras las murallas y que servían como fuerza de choque y refuerzo a los defensores de la muralla. Como puede imaginarse, este proyecto supuso un gran coste de vidas y recursos, ya que tuvieron que emplearse veinte mil hombres para poder construir las defensas en los cinco años concedidos a Qi para la culminación del proyecto.

En el enfrentamiento con las tropas mongolas, Qi utilizó la misma estrategia que le valió en las campañas contra los piratas, esto es, la creación de tácticas que aprovechaban las debilidades del enemigo. Dichas tácticas incluían la utilización de armas de fuego y fueron expuestas en su obra *Recuento práctico del entrenamiento de tropas* (*Lien ping shih chi*, 1571), llevándole al éxito en la batalla de Donjiakou (1575), donde logró repeler con éxito un ataque de las tribus del norte. Todos estos méritos sirvieron a Qi para tener como aliados a personas tan importantes como el ya citado Tan Lun, ministro de la guerra, y Zhang Ju Zheng (1520 - 1577), gran secretario, lo que le permitió tener el apoyo del emperador y le protegió de las intrigas de la corte. Sin embargo, tras la muerte de sus valedores, Qi perdió esta protección y fue destituido de

La Gran Muralla *(Changcheng)*, recientemente elegida
como una de las nuevas siete maravillas del mundo, fue
construida con la misión principal de proteger la frontera
norte de China. El general Qi Jiguang se encargó de
reforzar parte de sus aproximadamente seis mil
cuatrocientos kilómetros, así como de construir torres
de vigilancia a lo largo de la misma.

Estatua de homenaje a Qi Jiguang en un parque de
Shanghai. Hoy en día Qi es considerado como el padre
del ejército de liberación popular de China
(*Zhongguo renmin jiefang jun*).

su cargo en 1587, sin tener la oportunidad de poder defenderse de sus detractores. Qi se retiró a Deng Zhou, donde murió el cinco de enero de 1588. Treinta años más tarde su nombre fue rehabilitado y se construyeron capillas en su memoria.

EL GENERAL YU DAYOU

Yu Dayou (1503 - 1579) es otra relevante figura en la historia de las artes marciales chinas. Nacido en Jinjiang (provincia de Fujian) en el seno de una familia de tradición militar, en su juventud estudió el *Libro de los cambios* (*Yi jing*, más conocido como *I ching*) además de los clásicos militares. Tras la muerte de su padre, Yu Yuanzan, que tuvo lugar en torno a 1523, asumió la posición de oficial en la guardia de Quanzhou, también en la provincia de Fujian. En 1543 superó los exámenes provinciales para recibir el grado de *wu chu jen*, y un año más tarde los exámenes nacionales recibiendo el grado de *wu chin shi*. Estos logros le permitieron ocupar el puesto de comandante en el condado de Wuping (Fujian), donde además de discutir sobre el *I ching* con los literatos de la región se encargó de entrenar a sus soldados en las tácticas de la guerra.

En 1546 Yu sufrió su primera derrota a manos de los piratas japoneses, la cual vengaría ese mismo año al derrotar al pirata Kang Lao. Entre 1552 y 1559 las tropas de Yu entraron numerosas veces en acción contra los piratas que asolaban las costas chinas, sufriendo varias derrotas que le causaron la pérdida de su rango y salario; sin embargo, la consecución de diversas victorias posteriormente permitió su rehabilitación y que siguiese escalando puestos en la jerarquía militar. En 1559 Yu fue acusado, junto a su compañero de armas Qi Jiguang, a quien ya conocemos, de fracasar nuevamente en una campaña contra los piratas, lo que le condujo a ser encarcelado en Pekín. Tras la intercesión de un amigo, Yu fue liberado y enviado a la frontera del norte para redimir sus culpas. Durante su servicio en la defensa de la frontera, Yu diseñó una carreta de batalla de una rueda *(dulunche)* que sirvió para mantener a raya con gran éxito a los jinetes mongoles. Gracias a esta acción Yu fue nuevamente rehabilitado con sus títulos y privilegios, y su diseño se utilizó para la creación de una división de estas carretas en la ciudad de Pekín.

El leal general Yu continuó prestando sus servicios a la dinastía Ming durante las campañas contra los rebeldes de la provincia de Fujian, al lado de Qi Jiguang, recibiendo en 1567 el título de «General que pacifica a los hombres». Con casi setenta años, en 1572 Yu se retiró tras perder su puesto como comandante regional de Fujian, aunque retornaría al servicio activo durante una breve temporada para entrenar al ejército de la capital en el uso de las carretas de batalla que había diseñado. Tras su muerte, en 1579, Yu recibió honores póstumos y su hijo Yu Tzukao fue designado para desempeñar el puesto de comandante regional de Fujian.

Además de lo dicho, el general Yu Dayou fue también un experto artista marcial. Escribió la obra *Clásico de la espada (Jianjing),* en la que a pesar del título trataba sobre el manejo del bastón largo, ya que Yu era experto en un método de bastón denominado «espada larga jingchu» *(jingchu changjian)* que fue admirado por sus contemporáneos, entre ellos el mismísimo Qi Jiguang. A pesar de que este manual no tiene ilustraciones, el método en su totalidad fue incluido en el ya citado *Libro de disciplina efectiva* de Qi Jiguang, esta vez acompañado de figuras. También es importante destacar, como hemos señalado en el capítulo dos, que las técnicas de Yu influyeron en las practicadas en el monasterio de Shaolin. Así, Tang Hao postuló, en una de sus investigaciones pioneras sobre las artes marciales chinas, una teoría basada en la información del libro de Yu, en el que se describe una formula denominada «un ataque abajo, un ataque arriba» *(yi da yi jie)* que es igual a la descrita en el libro *Registro de armas* (*Shoubi lu*, 1678), de Wu Shu, al referirse al método de bastón Shaolin «cinco tigres interceptores» *(wuhu lan)*. Este método difiere del descrito por Cheng Zongyou en su *Exposición del método original de bastón Shaolin* (*Shaolin gunfa chan zong*, c. 1610), lo cual podría demostrar que tras la visita de Yu al monasterio efectivamente se desarrollaron métodos de bastón basados en las técnicas que Yu enseñó a los monjes.

4

Artes marciales internas y externas

Entre las muchas clasificaciones existentes de estilos de kung-fu, una de las más populares es la que diferencia entre «artes externas» *(waijia)* y «artes internas» *(neijia)*. Según el antropólogo estadounidense Thomas A. Green, esta clasificación se basa en la teoría de que en las artes externas el individuo genera y aplica energía en sus movimientos utilizando la estructura muscular y ósea, mientras que en las artes internas se utiliza una energía interna o vital, intangible, conocida como *qi*, la propia energía del Universo, que todos tenemos y que podemos llegar a controlar y dirigir.

Otro argumento que se ha manejado para justificar esta división señala que las artes o sistemas internos son suaves y no se oponen directamente a otra fuerza, sino que aplican movimientos circulares para esquivarla y seguidamente hacerse con ella. Por su parte, las artes o sistemas externos son más duros, y utilizan la fuerza para contrarrestar otra fuerza, aplicándola en ángulos diferentes. En la actualidad la cultura popular del kung-fu señala que los sistemas externos están conformados por aquellos que supuestamente se originaron en el monasterio budista de Shaolin, mientras que los sistemas internos estarían representados por el «boxeo último supremo» *(taiji quan)*, el «puño de la mente e intención» *(xingyi quan)* y la «palma de los ocho trigramas» *(bagua zhang)*, supuestamente de influencia netamente taoísta. Como veremos, y al igual que en muchos otros aspectos de las artes marciales chinas, la evidencia histórica echa por tierra muchas de estas creencias.

EL EPITAFIO PARA WANG ZHENGNAN

Como ya señalamos en el primer capítulo, previo a la caída de la dinastía Ming en 1644, la práctica del kung-fu no había contado con el favor de las élites intelectuales chinas —más bien al contrario—, razón por la cual fue marginado en sus escritos. Sin embargo, tras la invasión del territorio chino por los manchúes y la consiguiente proclamación de la dinastía Qing, la práctica marcial comenzó a ser vista con otros ojos. El profesor Meir Shahar describe cómo tras la caída de los Ming diversos intelectuales leales a la derrocada dinastía, entre los que destacaron Huang Zongxi (1610 -1695) y su hijo Huang Baijia (1634 -1704), comenzaron a escribir sobre la vida y obra de ciertos artistas marciales, reconociendo que el desdén de las élites hacia la práctica marcial había conducido a la ruptura del ideal confuciano de equilibrio entre lo marcial y lo cultural, y consecuentemente a la pérdida de la nación.

Durante la dinastía Qing se vivió en una atmosfera represiva, en la que se censuraba y castigaba duramente cualquier manifestación contraria al régimen establecido. Esta situación sirvió como caldo de cultivo para la creación de sociedades secretas, así como para la publicación de obras que además de su contenido más evidente poseían significados ocultos de rebeldía frente a la dinastía reinante. Es en este contexto donde hay que ubicar el libro *Epitafio para Wang Zhengnan* (*Wang Zhengnan mu zhi ming*, c. 1669), escrito por Huang Zongxi, hasta la fecha la primera referencia conocida sobre la clasificación de las artes marciales en artes internas y externas.

Huang Zongxi fue un leal y activo patriota, que además demostró un inquebrantable amor filial —una de las grandes virtudes confucianas— a través de los hechos que marcaron su vida. Hijo de Huang Zunsu, un oficial de la corte Ming, tuvo que ver cómo su padre era injustamente ejecutado en 1626 por oponerse a una facción de eunucos corruptos de la corte, hecho que vengaría sin contemplaciones pocos años después. En 1644 ayudó a reclutar una fuerza de voluntarios para apoyar a la dinastía Ming, y también participó activamente en la resistencia frente a los invasores manchúes. En 1649, Huang abandonó la resistencia al ver que sus actividades ponían a su madre en peligro de ser arrestada en cualquier momento. A partir de entonces dedicó su vida al estudio, rehusando participar en el nuevo estamento civil.

Huang Zongxi tuvo un hijo al que bautizó Huang Baijia (1634 - 1704), que estudió kung-fu con un humilde e iletrado —pero tremendamente patriota según ellos— artista marcial llamado Wang Zhengnan (1617 - 1669). Al principio de la obra dedicada al maestro de su hijo, Huang Zongxi escribió:

> Shaolin es famoso por sus boxeadores. Sin embargo, sus técnicas son principalmente ofensivas, lo que crea oportunidades de las que se puede aprovechar el oponente. Pero existe otra escuela conocida como «interna» la cual supera al movimiento con la quietud. Los atacantes son rechazados sin esfuerzo. Por tanto, categorizamos a Shaolin como «externo». La escuela

> interna fue creada por Zhang Sanfeng, de la dinastía Song. Sanfeng fue un alquimista taoísta de las montañas de Wudang. [...] Esa noche soñó que el dios de la guerra [Zhenwu] le transmitía el arte del boxeo, y a la mañana siguiente él solo mató a más de cien bandidos.

De manera similar, su hijo Huang Baijia escribió en su libro *Método del puño de la escuela interna* (*Neijia quanfa*, 1676) que «la escuela externa de pugilismo alcanzó su nivel más alto en Shaolin. Zhang Sanfeng, habiendo dominado las técnicas de Shaolin, invirtió sus principios y esto es llamado la escuela interna de artes marciales. Solo aprendiendo una pequeña parte de esta es suficiente para vencer a Shaolin».

Si en el *Epitafio para Wang Zhengnan* es el dios Zhenwu quien enseña las técnicas de combate a Zhang Sanfeng en un sueño, en el *Método del puño de la escuela interna* Zhang ya conocía los métodos de Shaolin y los transforma para crear la escuela interna. Estas contradicciones hacen que importantes estudiosos de las artes marciales duden de la veracidad de los datos aportados por los Huang. Stanley E. Henning y Douglas Wile han sugerido que Huang Zongxi utilizó la biografía de Wang Zhengnan como pretexto para expresar simbólicamente su sentimiento de rechazo contra el poder invasor, identificando el monasterio budista de Shaolin con el poder extranjero (manchú) y al inmortal taoísta Zhang Sanfeng y a Wudang con la población nativa (han), para señalar la inferioridad de los estilos externos (estilos Shaolin, de raíz budista, una religión no nativa) respecto a la escuela interna (escuela interna de Wudang, de raíz taoísta, una religión nativa). Del mismo modo, su hijo Huang Baijia expresó la misma opinión al comentar que tan solo con saber algo de la escuela interna sería suficiente para vencer a la externa.

Gran pabellón del Palacio de la Nube Púrpura, uno
de los numerosos edificios que componen el complejo
monástico del monte sagrado de Wudang (*Wudang shan*,
provincia de Hubei). El palacio fue construido durante
la dinastía Song.

Tanto Henning como Wile han señalado, asimismo, que en el libro de Huang Zongxi se utilizan los caracteres tradicionales del calendario cíclico de sesenta años (el utilizado por los Ming) al referirse a la fecha de nacimiento y muerte de Wang Zhengnan, en lugar del calendario imperial de los Qing. Esto ya era por sí mismo una muestra de rebeldía contra el régimen manchú, que lejos de ser trivial podría haber sido duramente castigada en aquella época. Como ejemplo, varios siglos atrás, en 1129 un grupo de oficiales sublevados destituyeron al emperador Gaozong (1127 - 1162), enviando un emisario a los cuarteles de las tropas leales al emperador para tratar de convencerlos de que se unieran a su causa. Lu Yihao, uno de los oficiales leales al emperador, no dudó en ejecutar al emisario al ver que el mensaje que transportaba empleaba los caracteres de la dinastía de los rebeldes, en lugar de los caracteres tradicionales de los Song.

Por último, Henning descubre un detalle oculto adicional en la obra de Huang Zongxi, donde puede leerse que «Sanfeng fue requerido por el emperador Huizong de los Song pero el camino era infranqueable. Esa noche el dios de la guerra (Zhenwu) le transmitió el arte del boxeo...». Este párrafo se asemeja a un hecho ocurrido durante la dinastía Ming, cuando el emperador Hongwu (también conocido como Taizu) trató en vano de entrevistarse con el inmortal Zhang Sanfeng. El cambio de dinastía (Ming por Song) y un cambio en uno de los caracteres chinos del nombre de Zhang Sanfeng trataron de encubrir en cierto modo el hecho de que el *Epitafio para Wang Zhengnan* traza un paralelismo entre la caída de las dinastías Ming y Song. El emperador Huizong (1100 - 1125), al que hace referencia la obra, fue capturado y mantenido como rehén por los invasores de la dinastía Jin, que eran ancestros de los manchúes. De hecho, en un principio los manchúes también denominarían a su dinastía como Jin, para en 1636, pocos años antes del derrocamiento de los Ming, cambiar este nombre a Qing.

Con todo lo dicho, no puede sorprendernos que los censores de la dinastía Qing ordenasen la destrucción del libro, al igual que trataron de destruir cualquier obra que considerasen ofensiva hacia el régimen gobernante una vez este logró consolidarse a partir de 1644; sin embargo, por razones que aún se desconocen, el *Epitafio para Wang Zhengnan* logró salvarse.

La Doncella de Yue

Aunque no haga referencia explícita a las escuelas internas y externas de kung-fu, el relato de la Doncella de Yue *(Yue nu)* es una referencia importante para conocer la naturaleza integradora de las artes marciales chinas en relación a los elementos suaves y duros del movimiento. Como ya describimos en el primer capítulo, este relato, probablemente fabulado, se ubica aproximadamente en el año 496 a. C., en el periodo de Primavera y Otoño, cuando Gou Jian, rey de Yue, quedó impresionado por la habilidad de la doncella en el manejo de la espada. Ante la pregunta del rey sobre cuál era la teoría en la que se basaba su técnica, Stanley E. Henning traduce del siguiente modo la respuesta de la joven:

> La teoría es muy sutil pero fácil de entender. Su significado verdadero está escondido y es profundo. La teoría incluye tanto puertas grandes [dobles/ataque] como las pequeñas [sencillas/defensa], y los aspectos yin [pasivo/ceder] y los yang [activo/atacar]. Abra la puerta grande y cierre la pequeña [cambie de la defensa al ataque], la pasividad retrocede y aumenta la actividad. Los siguientes preceptos son aplicables a

todas las formas de combate cuerpo a cuerpo: fortalezca el espíritu interior, muéstrese calmado; muestre la apariencia de una mujer correcta y pelee como un tigre excitado; genere energía a lo largo de su cuerpo y muévase con su espíritu; permanezca distante y oscuro como el sol, y rápido y ágil como una liebre que salta; ahora su adversario le ve [persigue su figura], y ahora no [persigue su sombra], y el filo de la espada brilla intermitentemente de un modo similar; respire con el movimiento y no rompa las reglas; de un lado al otro, adelante y atrás, ataque directo o al contrario, el adversario no los oye [sus movimientos no son telegrafiados]. Este cuerpo teórico permitirá a una persona combatir a cien, y a cien combatir a diez mil.

Lo que explica la Doncella de Yue en su respuesta son una serie de elementos teóricos que soportan la práctica del kung-fu, en los que se aprecia una clara influencia taoísta al aplicar la teoría de los opuestos complementarios *(yin-yang)* a la estrategia del combate. Las menciones a ceder y atacar cuando se vea el momento oportuno, mantener la calma y relajarse cuando sea necesario, pasando seguidamente al ataque como si se fuera un tigre salvaje son representaciones poéticas de los elementos que se dice identifican a los sistemas internos y externos. Pero lo que hay que enfatizar es que en el relato, en lugar de discriminar estos elementos, la doncella explica muy claramente que todos ellos han de integrarse para vencer al oponente.

La Doncella de Yue, pintada por el artista Ren Xiong
(1820 - 1857). Ren realizó numerosas pinturas sobre temas
mitológicos como antiguos héroes, inmortales o ermitaños,
siendo un artista muy popular en su época.

Los tratados militares
de la dinastía Ming

Durante la dinastía Ming, diversos miembros del estamento militar publicaron un gran número de enciclopedias sobre el arte de la guerra con el objetivo de mejorar la organización militar del periodo, muchas de las cuales incluyeron secciones dedicadas a sistemas de combate con y sin armas que han sobrevivido hasta nuestros días. Desafortunadamente, no se han encontrado tratados similares de dinastías anteriores. El profesor Douglas Wile revela que en uno de los tomos de la monumental obra de doscientos cuarenta volúmenes *Tratado de preparación militar (Wubei zhi)*, editada por el oficial gubernamental Mao Yuanyi (1549 - c.1641), se dice que «Shaolin se destaca por combinar lo duro con lo blando y nunca trata de derrotar a un oponente mediante el uso de la fuerza bruta». Este párrafo contradice, claramente, los escritos que los Huang publicaron algunas décadas más tarde, al señalar que los métodos Shaolin eran simultáneamente «duros y blandos».

Otro gran experto militar y artista marcial de la época Ming, de quien ya hemos hablado, fue el general Qi Jiguang. En su *Libro de disciplina efectiva* (1560), Qi no hace mención a una escuela interna de artes marciales, ni tampoco utiliza la denominación de «externo» cuando se refiere a Shaolin (como se apuntó en el capítulo dos, Qi consideró únicamente las técnicas de bastón del monasterio). En la misma obra, Qi incluye una sección dedicada al tiro con arco, afirmando que «el arco se debe abrir en un estado de tensión y liberarlo en un estado de relajación. El estado de tensión se refiere a alcanzar la máxima apertura; el estado de relajación significa que la mente debe estar en calma y concentración». Del mismo modo, en la sección dedicada al boxeo señala que «el estudio de pugilismo requiere agilidad del cuerpo, destreza de las manos, ligereza y estabilidad de los pies [...] [y] su suavidad está en conocer cuándo evadir y esquivar». Una vez más, los elementos de las supuestas «dos escuelas» son aplicados de un modo integrado en la práctica marcial.

Yu Dayou, el general compañero de armas de Qi, también utiliza de un modo integrado en su *Clásico de la espada* los elementos que según la cultura popular del kung-fu diferencian las escuelas interna y externa, afirmando que hay que «utilizar la fuerza antes de que el oponente libere la suya. Mientras el oponente esté ocupado atacando, yo simplemente espero con calma; observo su ritmo y le dejo que se desgaste [...] tomando ventaja cuando su fuerza haya pasado y antes de que libere la nueva [fuerza], [y] cuando conecte su bastón al del enemigo, siga su movimiento y dirección usando su fuerza para vencerle». Estos datos, junto con el hecho de que otros expertos y eruditos militares de la época Ming como Tang Shunzhi (1507 - 1560) y Wu Shu (1611 - 1695) tampoco diferenciasen entre escuela interna y externa, pone aún más en duda la diferenciación establecida por los Huang. Pero es más; en un ámbito literario, en la ya citada novela *Los bandidos del pantano*, en la que se contienen una gran cantidad de referencias a prácticas marciales, tampoco se cita una escuela interna de artes marciales, a pesar de que uno de sus personajes, Gongsun Sheng, apodado «el Dragón en las Nubes», era un monje taoísta experto en el manejo de armas de guerra cuya destreza adquirió antes de ordenarse. Gongsun poseía poderes mágicos, y era capaz de controlar el clima a su antojo, habilidad que fue muy útil a sus compañeros de armas.

¿Cuándo, pues, surgen otros elementos que permiten comenzar a distinguir las dos escuelas? El profesor Meir Shahar señala que Cheng Zongyou, en su *Exposición del método original de bastón Shaolin*

Ilustraciones de la obra del general Qi Jiguang
Libro de disciplina efectiva (*Jixiao xinshu*, 1560), en el que
se detallan algunos movimientos del estilo de manejo de
bastón largo del general Yu Dayou (1503 - 1579), arma en la
que era un consumado especialista. Como se ha señalado,
la obra de Yu *Clásico de la espada* (*Jianjing*) explica este
mismo estilo, pero carece de ilustraciones.

(c. 1610), es el primero que menciona la relación entre
las artes marciales y la iluminación espiritual del practicante, al señalar que algunos monjes veían la practica
marcial como una herramienta en la búsqueda del
nirvana. Un hecho que ilustra el cambio de actitud
hacia la práctica marcial es citado por el profesor Ma
Mingda, cuando apunta que es a finales de la dinastía
Ming cuando comienza a transformarse la práctica del
kung-fu de sistemas de lucha a sistemas de autorrealización, como consecuencia de los cambios sociales y
tecnológicos que habían hecho de la practica marcial
algo obsoleto en el escenario de la guerra moderna. De
hecho, Qi Jiguang eliminó la sección que trataba las
técnicas de lucha sin armas en su edición del *Libro de
disciplina efectiva* de 1584 (la primera edición fue en
1560). Ma Mingda sugiere que Qi, ya un veterano
general de cincuenta y cinco años, no creía en la utilidad de estas técnicas en el campo de batalla, en
contraste con la primera edición, publicada cuando era
un joven y enérgico oficial de treinta y cuatro años.

Así, a finales de la dinastía Ming y durante toda la dinastía Qing (es decir, desde principios del siglo XVII y hasta principios del XX) comienza a sumarse la práctica de ejercicios gimnásticos taoístas *(dao yin)* a la propia práctica del kung-fu, entre los cuales se incluyen tanto ejercicios físicos como ejercicios de respiración y la práctica del *qi gong*: esta es la tendencia que se ha prolongado hasta nuestros días, y que sirve de fundamento para la aparentemente lógica diferenciación de estilos internos y externos en función de la relativa importancia que cada estilo atribuye a uno u otro componente.

EL INMORTAL ZHANG SANFENG

Una de las figuras mitológicas chinas que ha alcanzado una mayor fama es sin dudas la del ya citado inmortal Zhang Sanfeng, el legendario creador del *taiji quan*. Según la experta alemana en estudios chinos Anna K. Seidel, existe poca información sobre él como figura histórica; la *Historia de Ming* (*Ming shi*, finalizada en 1739) narra que fue un ermitaño maestro taoísta de la secta Quanzhen, en el monte Wudang, y que como señalamos anteriormente en 1391 Taizu, primer emperador Ming, envió a un emisario para que le trajese a la corte que fracasó al no poder encontrarlo. Algunas leyendas narran que Zhang tuvo una entrevista con el príncipe Shu Wangzhuang (hijo decimoprimero de Taizu), pero la biografía del príncipe, que aparece en los registros de la dinastía Ming, no llega a mencionarla. En 1393, Zhang moría en el monasterio de Jintai (provincia de Shaanxi), pero las leyendas cuentan que en el momento en que este iba a ser enterrado por sus discípulos volvió a la vida, siendo por tanto ya considerado como inmortal. Algunos años después el emperador Chengzu (1402 - 1424), tratando de convencer al ya supuesto inmortal para que visitase la corte, ordenó la reconstrucción de los santuarios del monte Wudang, que habían sido destruidos durante la caída de la dinastía Yuan.

El interés de Taizu y Chengzu por acercarse al sabio taoísta no fueron hechos puntuales. Los emperadores de la dinastía Ming fueron devotos seguidores del taoísmo, hasta el extremo de que muchos de ellos malgastaron los recursos del tesoro nacional en la construcción de monasterios y templos dedicados a su culto y descuidaron sus deberes de estado al practicar de manera desmesurada ejercicios sexuales de origen taoísta. La fe en los inmortales no se limitó a Zhang; por ejemplo el mismo Taizu, antes de coronarse emperador, conoció a Zhang Chung (también llamado Jing Hua), un oficial que no había logrado superar los exámenes civiles pero que conocía las artes de la adivinación. Chang fue invitado por el futuro emperador a compartir un pastel; en el convite, Chang profetizó que Taizu derrotaría a sus enemigos. La profecía se cumplió, pero Chang perdió el favor de la corte debido a una indiscreción. Deshonrado, se suicidó lanzándose desde uno de los puentes de la ciudad de Nanjing, pero algunos testigos informaron posteriormente que le habían visto caminando por otros lugares, por lo que comenzó a considerarse a Zhang Chung como otro de los inmortales taoístas.

Otro taoísta que tuvo contacto con Taizu fue Zhou Dian, que en 1360 profetizó la gracia divina del futuro emperador. Según señala Anna K. Seidel, este sometió a Zhou Dian a un gran número de pruebas de tipo físico, desde encerrarlo en una olla de vapor hasta tratar de hacer que muriese de hambre, todo ello sin éxito, por lo que a la postre Zhou Dian también fue considerado como uno de los cuatro inmortales taoístas de comienzos de la dinastía Ming. Esta fe hacia los inmortales ayudó a que Zhang se ganara el favor imperial incluso aunque nunca se entrevistase con alguno de los emperadores. Una de las razones por las que se menciona a los cuatro inmortales en relación con el inicio de la dinastía Ming radica en que, como se vio en el capitulo anterior, los iniciadores de las dinastías buscaron afirmar su autoridad imperial al comienzo de su reinado mediante profecías y supuestos hechos portentosos (entre ellos los relacionados con los inmortales taoístas) para de este modo convencer a sus subalternos de su derecho divino al trono, lo cual explica la abundancia de dichos personajes en relación al primer emperador Ming.

A pesar de lo que figura en la *Historia de Ming*, las informaciones disponibles citan diferentes fechas en las cuales se supone que vivió Zhang, desde la dinastía Song a la dinastía Ming. Estas fuentes, como era de esperar, fabrican una historia plagada de hechos fantásticos y sobrenaturales, que es lo que se espera de un inmortal. En 1459, el sabio taoísta fue elevado a los altares por el emperador Yingzong, afirmando su consideración de figura sagrada.

No obstante, lo que nos interesa enfatizar aquí es que en el proceso de creación de la leyenda de Zhang Sanfeng no existe ninguna mención anterior al *Epitafio para Wang Zhengnan* que señale que este practicara las artes marciales o que fuese el creador de algún estilo de combate. Aquí debemos retomar esta obra, en la que como dijimos al principio del capítulo se atribuye a Zhang Sanfeng la creación de la escuela interna por inspiración del dios Zhenwu. El uso de Wang Zhengnan, un desconocido maestro de artes marciales, por parte de un erudito como Huang Zongxi, que narra en tono admirativo cómo el maestro «nunca traicionó las enseñanzas recibidas... un caballero errante quien vengaba las malas acciones y las injusticias... poseyó los niveles más altos de habilidad, aunque nunca abusóde estos...», es profundamente simbólico. En un periodo en que el orgullo nacional había sido aplastado, la utilización de un inmortal que gozó del favor imperial de la depuesta dinastía como creador de un estilo invencible, del que hasta la fecha no había existido ninguna mención; un estilo que además había sido inspirado por un dios de la guerra y por tanto patrono de los artistas marciales; considerando además que la clasificación del *Epitafio* contradice las teorías de la lucha con y sin armas conocidas en China desde tiempos antiguos; todo ello hace que puedan tomarse por buenos los argumentos que concluyen que este texto y su división entre estilos externos e internos solo sirvió para presentar una denuncia de tipo político contra el régimen opresivo de los Qing, así como ser una llamada al alzamiento y a las armas en la confianza de una victoria que vendría cuando la población en general tomase la práctica marcial de corazón, una práctica que estaría basada en los elementos técnicos y tácticos de los diversos sistemas de lucha chinos conocidos hasta el momento.

Siguiendo con el proceso de mitificación de Zhang Sanfeng en relación a las artes marciales chinas, Stanley E. Henning considera que antes de 1669 fue conocido únicamente como un taoísta inmortal. La publicación de la obra de Huang Zongxi ese año hizo que se le comenzase a atribuir la creación de la escuela interna de artes marciales, pero es únicamente a partir de 1900 cuando se le asigna la creación del *taiji quan*. Para explicar esto, Henning detalla que fue a principios del siglo XX —como ya hemos señalado en el capítulo dos— cuando se popularizó la fama de Bodhidharma como patrón de las artes marciales, creencia que se difundió aún más tras la publicación del libro *Secretos del boxeo Shaolin* (*Shaolin quanshu mijue*, c. 1915), obra que fue duramente criticada por los historiadores chinos Tang Hao y Xu Zhedong debido a su contenido plagado de falsedades. Esto obligó a los practicantes

El inmortal taoísta Zhang Sanfeng. Entre las muchas leyendas que le atribuyen la creación del *taiji quan,* una de las más populares es la que relata cómo lo desarrolló a partir de sus observaciones de un combate entre una grulla y una serpiente, donde ambos animales se movían fluidamente, combinando movimientos lineales y circulares.

de los sistemas «internos» a buscar su propio patrón, y qué mejor que la mítica figura del taoísta inmortal Zhang Sanfeng, lo que sirvió para que esta creencia haya continuado hasta nuestros días.

Como colofón de todo este nudo de interrelaciones, el investigador independiente estadounidense Dan Miller señala que en 1894 los expertos en *bagua zhang* Cheng Tinghua (1848 - 1900), en *xingyi quan* Li Cunyi (1847 - 1921) y Liu Weixiang, y en *taiji quan* Liu Dekuan (fallecido en 1911) fundaron una organización de artes marciales denominada *Familia de boxeo interno (Neijia quan)* para promover la difusión de estos estilos. Sin embargo, al darse cuenta de que ya existía este nombre desde que Huang Baijia publicase su *Método del puño de la escuela interna* en 1676, decidieron cambiarlo por *Habilidad de boxeo interno (neigong quan),* pero a su pesar la primera denominación había comenzado a calar socialmente y ya era muy tarde para cambiar «escuela interna» —denominación que ineludiblemente conectaba con la escuela interna citada por los Huang— por «boxeo interno». En consecuencia, estos tres estilos comenzaron a identificarse como miembros de la familia «interna» de artes marciales. El marco teórico y filosófico que une al actual *taiji quan, xingyi quan* y *bagua zhang* como sistemas internos, lejos de remontarse al famoso inmortal, se originó con Sun Lutang (1861 - 1932), un reconocido experto en estos estilos además de un filósofo y prolífico escritor, una combinación muy poco común en un periodo en el que la mayoría de artistas marciales eran analfabetos.

Finalmente, tras la apertura de la Academia Central de Artes Nacionales *(Zhongyang Guoshu Guan)* en 1928, cuyo objetivo era el estudio y la difusión de los sistemas de lucha chinos, la división entre estilos Shaolin y Wudang (externos frente a internos) creó una atmosfera de desconfianza y hostilidad hasta el punto de que existieron enfrentamientos físicos entre los representantes de estos dos grupos. Por esta razón, como detallaremos en el capítulo seis, se eliminaron ambos departamentos y se modificó la organización departamental de la academia. Hasta el final del Periodo Republicano (el inmediatamente anterior al triunfo de la Revolución Comunista, tras el final del imperio a principios del siglo XX), en 1949, y en contraste con lo que suele apreciarse en la actualidad, la práctica de los llamados «estilos internos» era netamente marcial. Los estudiantes de *taiji quan, xingyi quan* y *bagua zhang* aprendían las aplicaciones combativas de dichas artes; sin embargo, tras la llegada del comunismo los métodos de entrenamiento combativo fueron eliminados para transformar estas prácticas en ejercicios gimnásticos y de autorrealización.

5

Los estilos del norte y del sur

Otra de las clasificaciones más conocidas del kung-fu es la que diferencia los estilos del norte y del sur, tomando como elemento geográfico separador el río Yangtsé, que con sus casi seis mil cuatrocientos kilómetros de longitud cruza gran parte de China de este a oeste. Las diferencias entre ambos grupos de estilos se comprenden fácilmente gracias al conocido aforismo «piernas del norte, puños del sur» *(nan quan bei tui),* que señala que los estilos del norte hacen más énfasis en el uso de las técnicas de pierna —patadas— mientras que los estilos del sur enfatizan más las técnicas de manos —puñetazos—. Las explicaciones populares a este hecho refieren que los habitantes de las regiones del norte son de mayor estatura, que al vivir en zonas abruptas poseen piernas fuertes y que, además, llevan habitualmente gruesas prendas de abrigo en tronco, brazos y manos, lo que les impide poder manejarlos con soltura. Por su parte, los habitantes del sur son de menor estatura, habitan zonas cálidas que les permiten llevar menos ropa y, además, desarrollan su vida sobre suelos blandos o inestables como costas, arrozales, o embarcaciones, hecho que no favorece el uso de las piernas pero sí el de brazos y manos.

Puños del norte, piernas del sur

Con todo, ni la diferenciación entre estilos del norte y del sur es totalmente cierta, ni las explicaciones «geográficas» bastan para comprender el complejo entramado de elementos que determinan las diferencias de tipo técnico entre los numerosísimos estilos de combate chinos. Stanley E. Henning señala que la mayoría de investigaciones realizadas al respecto son confusas, citando como ejemplo el estudio del historiador chino Lin Yinsheng, quien analizó dieciséis estilos de kung-fu practicados en la provincia de Fujian —al sur del río Yangtsé—. Sobre un total de 7.756 movimientos, solo 295 —el 3,8%— eran realizados con los pies, lo que en opinión de Lin apoyaría la teoría de la diferenciación norte-sur. No obstante, Henning critica esta conclusión, ya que por una parte da por supuestas las características de los estilos del norte —sin haberlos investigado de un modo similar a los estilos de Fujian—, y por otra porque que al menos dos de estos estilos eran originarios de la provincia de Henan, al norte del Yangtsé.

En una hipotética reconstrucción de un «mapa de estilos de kung-fu», el observador apreciaría que los estilos del norte son mucho más numerosos que los del sur, en una proporción aproximada de diez a uno. Henning opina que este desequilibrio podría tener unas raíces históricas, remontándose hasta el periodo de los Reinos Combatientes (476 - 221 a. C.), cuando un gran número de tropas se concentraron en la zona. Asimismo, la pobreza de la zona norte, y particularmente del área correspondiente a la provincia de Shandong, hizo que de esta región surgiesen numerosas bandas de criminales y revueltas, lo que condujo a que tanto los protagonistas como los afectados por los actos de pillaje o sublevación, en esta área y en sus aledañas, enfatizasen la práctica marcial. Por su parte, la zona sur del país vivió épocas de mayor estabilidad y prosperidad económica y cultural respecto al norte, hecho que no habría favorecido la creación de estilos de kung-fu. Un ejemplo de esta realidad es que durante la dinastía Song del Norte (960 - 1127) un gran número de oficiales del sur alcanzaron altos puestos gubernamentales debido a la ya mencionada prosperidad, frente a la mirada envidiosa de sus homólogos del norte.

Por otra parte, entre los numerosísimos estilos del norte pueden citarse el boxeo de los ocho extremos *(baji quan)*, palmas cortantes *(pigua zhang)*, boxeo generando poder a través de la espalda *(tongbei quan)*, puño de la mente e intención *(xingyi quan)*, palma de los ocho trigramas *(bagua zhang)*, boxeo de las cinco combinaciones *(liuhe quan)*, boxeo de los pasos perdidos *(mizong quan)* y boxeo del puño rotante *(fanzi quan)*, entre otros. Estos estilos tienen características comunes con algunos estilos del sur, entre los que se incluyen el boxeo de la familia Hung *(hungakuen), cai li fo* (más conocido por su denominación cantonesa *choy li fut*), el boxeo mantis del sur *(chow gar tong long)* o el puño primavera (*yong chun,* más conocido por su denominación cantonesa *wing chun*), entre otros. Las técnicas de combate de estos estilos favorecen las técnicas de manos y brazos respecto a las de piernas y pies, primando la lucha a corta distancia, que es la adecuada para la utilización de los puños. Todo ello muestra la parcial inexactitud del aforismo «piernas del norte, puños del sur», y cómo a pesar de la importancia de las circunstancias geográficas, si no se quiere caer en el simplismo es necesario acudir también a explicaciones históricas, políticas, étnicas, etc. para llegar a comprender el origen y desarrollo de los estilos de kung-fu.

Práctica de baji quan por Wu Lianzhi y su hijo
Wu Dawei en el Centro Internacional de Baji Quan
(*Baji Quan Guo Ji Pei Xun Zhong Xing*), en Mencung,
Cangzhou, provincia de Hebei.

Esencia del clásico de pugilismo

El trabajo del general Qi Jiguang *Esencia del clásico de pugilismo (Quan jing jie yao pian),* contenido en su *Libro de disciplina efectiva (Jixiao xinshu,* 1560), es el manual de combate sin armas más antiguo que ha sobrevivido a la caótica historia China, donde la destrucción de libros y documentos ha sido, desafortunadamente, una constante. En este documento, Qi describe una rutina que integró en la preparación de sus tropas, que habrían de enfrentarse a los piratas japoneses y chinos. Ante esta realidad, Qi entendió claramente que el entrenamiento debía de ser práctico, breve, sencillo y efectivo; sus tropas debían ser capaces de enfrentar al enemigo sin vacilación, ya que el éxito de sus ingeniosas formaciones pato mandarín, que ya describimos en el tercer capítulo, dependía de que cada hombre mantuviese firmemente su posición en el fragor de la batalla.

Esta concepción, en la que el entrenamiento del kung-fu tiende hacia la sencillez y efectividad, actualmente es muy minoritaria, buscándose en su lugar el perfeccionamiento de movimientos superfluos («floridos»), habitualmente de gran complejidad de ejecución. Esto conduce a que los estudiantes de kung-fu tengan que dedicar muchos años a practicar estos movimientos (ya sea como formas o mediante la práctica colaborativa) antes de aprender sus aplicaciones prácticas ante una oposición más o menos real. Esta tendencia contemporánea del kung-fu es duramente criticada por numerosos expertos, entre ellos el reconocido profesor Ma Mingda, quien comenta que la práctica del *wushu* y del *sanda* («combate libre») contemporáneos, que analizaremos detalladamente en el séptimo capítulo, no ha mantenido las características del entrenamiento tradicional; en su opinión, la práctica de las artes marciales chinas se debería asemejar a la forma en que se practicaron durante el Periodo Republicano (1912 - 1949), y que también explicaremos más adelante. De un modo más dramático, el profesor de Instituto de Cultura Física de Shangai, Cheng Dali, concluye que las artes marciales chinas han muerto como consecuencia del apoyo gubernamental a las artes de exhibición *(yangban)*.

Volviendo al clásico de Qi, los sistemas de combate con y sin armas que él consideraba más efectivos eran:

> Dentro de los estilos marciales pasados y presentes están: boxeo de las treinta y dos posturas del emperador Tai Zu de los Song (Song Tai Zu, san shi er shi chang quan), boxeo de los seis pasos (liu bu quan), boxeo del mono (hou quan), boxeo de señuelo (hua quan). […] Aunque los nombres y posturas son algo diferentes, en realidad las diferencias son mínimas. Dentro de los mejores estilos contemporáneos están rutina de la familia Wen de setenta y dos posturas (Wen jia qi shi er xing quan), rutina de asegurar de treinta y seis posturas (san shi liu he suo), palma en caballo de veinticuatro lanzamientos (er shi si qi tan ma), ocho maniobras evasivas (ba shan fan), boxeo cercano de doce posturas (shi er dun), ocho lanzamientos liu hong (liu hong ba xia), boxeo cercano de algodón Zhang (mian Zhang duan da), técnicas de pierna de Li Ban Tian de Shantung (Li Ban Tian zhi tui), técnicas de agarre de garra de águila Wang (ying zhua Wang zhi ma), mil técnicas de caídas Qian (Qian die zhang zhi die), técnicas de golpeo Zhang Bo Jin (Zhang Bo Jin zhi da), técnicas de bastón de Shaolin (Shaolin si zhi gun), técnicas de bastón de Qing Tian (Qing Tian gun fa), lanza de la

familia Yang (Yang shi qiang fa), boxeo y bastón Ba Zhi (Ba Zhi quan gun).

Qi consideraba que algunos sistemas poseían elementos prácticos para el combate, pero descuidaban otros, señalando que «aunque cada uno de estos [estilos] es superior en algún aspecto, todos ellos son culpables de enfatizar la parte superior [(brazos/manos)] y descuidar la parte inferior [(piernas)] o de enfatizar la parte inferior y descuidar la superior». Por esta razón, el general tomó los elementos de los sistemas que él consideraba más efectivos para complementarlos y crear su propia rutina.

A partir del trabajo de Qi podemos concluir que en la dinastía Ming algunos estilos ya primaban la utilización de los brazos, mientras que otros enfatizaban el uso de las piernas. Sin embargo, Qi no clasificó estos estilos en estilos del norte y estilos del sur; para Qi, estas diferencias eran solo preferencias de tipo técnico y táctico, y nada tenían que ver con su región de origen. Es interesante mencionar aquí que las críticas a los estilos que Qi consideraba como inútiles en el campo de batalla, así como el estudio y síntesis de un estilo de combate propio basado en las mejores características de otros, antecede en más de cuatrocientos años a la aparición del celebérrimo Bruce Lee y su estilo híbrido «camino del puño interceptor» *(jeet kune do),* y más aún a las denominadas «artes marciales mixtas» *(mixed martial arts - MMA),* las cuales basan su repertorio técnico en el estudio e inclusión de técnicas de diversos estilos.

Una hipótesis, promulgada por el investigador Stanley E. Henning, apunta a que una de las razones por las que algunos de los sistemas practicados en el sur utilizan tácticas que favorecen los ataques a corta distancia podría radicar en la influencia que tuvo el general Qi Jiguang en la provincia de Fujian, donde

Movimientos de la rutina de treinta y dos posturas
del general Qi Jiguang reproducidos en una reciente versión
de Esencia del clásico de pugilismo (*Quan jing jie yao pian*),
trabajo contenido en su *Libro de disciplina efectiva*
(*Jixiao xinshu,* 1560).

reclutó voluntarios durante sus campañas contra los piratas. Estas tropas fueron entrenadas en la forma de treinta y dos movimientos de Qi, así como en el uso de las diferentes armas que conformaban la formación pato mandarín. Como hemos señalado, Qi afirmó la importancia de entrenar solo aquellas técnicas útiles en combate (en lugar de aquellas destinadas a la exhibición), declarando que «sin posturas o técnicas que son obvias, uno será efectivo con un solo movimiento; si se comete el error de posar y exagerar las posturas uno será inefectivo con diez movimientos». Queda claro que, desde su autorizado punto de vista, cualquier técnica exagerada —esto es, muy amplia o «espectacular»— sería totalmente inútil en su aplicación real en combate.

En relación a la utilidad de las rutinas, o movimientos preestablecidos, que en principio podrían parecer innecesarias en el entrenamiento para el combate real, el profesor Shahar menciona que Tang Shunzhi (1507 - 1560), otro experto militar de la época de la dinastía Ming, señala en su *Compendio marcial*

(Wubian) que «la razón de las posturas en las artes marciales es la de facilitar transformaciones [...] las rutinas poseen posturas fijas, pero en la práctica real estas no existen. Cuando estas posturas se utilizan se hacen fluidas, aunque mantienen sus características estructurales». Este párrafo revela un elemento que casi se ha perdido en la práctica marcial actual; la práctica de rutinas *(taolu)* tiene como objetivo el enseñar al estudiante cómo aprovechar la mecánica corporal de manera óptima, y continúa con el estudio de las aplicaciones de combate mediante las que se adquieren capacidades que no se pueden desarrollar con la práctica en solitario. Cuando el estudiante entiende los principios de los movimientos que se realizan en las rutinas, este puede liberarse del esquema preestablecido en las mismas y hacer que los movimientos fluyan de manera espontánea durante la práctica del combate libre, siendo capaz —idealmente— de mantener los elementos de estructura y alineamiento corporal que aprendió en la primera fase de práctica de las rutinas. Esta práctica sin un entendimiento de sus aplicaciones, así como la falta de entrenamiento combativo «real» con un compañero, ya había sido criticada desde tiempos antiguos, como apunta el profesor Douglas Wile al señalar que el erudito taoísta Ge Hong (283 - 363 d. C.) reconocía que «nosotros entrenábamos sin un oponente y no poseíamos experiencia práctica».

En *Esencia del clásico de pugilismo*, Qi también expresa su opinión respecto a la forma en que se debía practicar el kung-fu:

> Aun si uno es capaz de derrotar a su enemigo con estos estilos esto no es nada más que una maestría limitada. Sin embargo si uno practica todos estos estilos en combinación, esto sería similar a la formación de batalla conocida como Formación Serpiente del Monte Chang. Si la cabeza es

atacada, la cola contraataca, si la cola es atacada la cabeza contraataca, si el cuerpo es atacado la cabeza y la cola contraatacan. Esto es lo que llamamos maestría de arriba y abajo, y la victoria estará asegurada.

Este párrafo ilustra cómo mediante la combinación de las diferentes estrategias de los estilos estudiados por Qi, él consideraba que los soldados estarían preparados para enfrentar cualquier eventualidad durante el combate, tanto en el ámbito de la destreza técnica como en el ámbito psicológico, puesto que «la maestría en este arte inspira coraje en el individuo». Finalmente, Qi concluye que «una vez se ha adquirido el arte, se debe probar contra un oponente [...] al practicar las [rutinas de las] artes marciales, se debe imaginar que se ataca a un enemigo real y no practicar técnicas de forma superficial...».

En definitiva, todo lo que hemos visto deja clara la opinión de Qi respecto al camino a seguir para conseguir la maestría en la práctica del kung-fu. Para Qi y sus contemporáneos Ming el entrenamiento marcial era algo práctico y realista. No existían «técnicas secretas», el secreto era una buena y completa preparación en el estilo escogido. Como apunte final, durante la visita de investigación realizada por el historiador chino Tang Hao (1897 - 1959) a la aldea Chen, cuna del actual *taiji quan*, este descubrió los escritos de Qi Jiguang en la aldea, señalando además que los creadores del estilo Chen de taiji quan —actualmente unos de los estilos más conocidos y practicados de taiji quan— utilizaron veinticinco nombres que aparecen idénticamente en la forma de treinta y dos posturas de Qi.

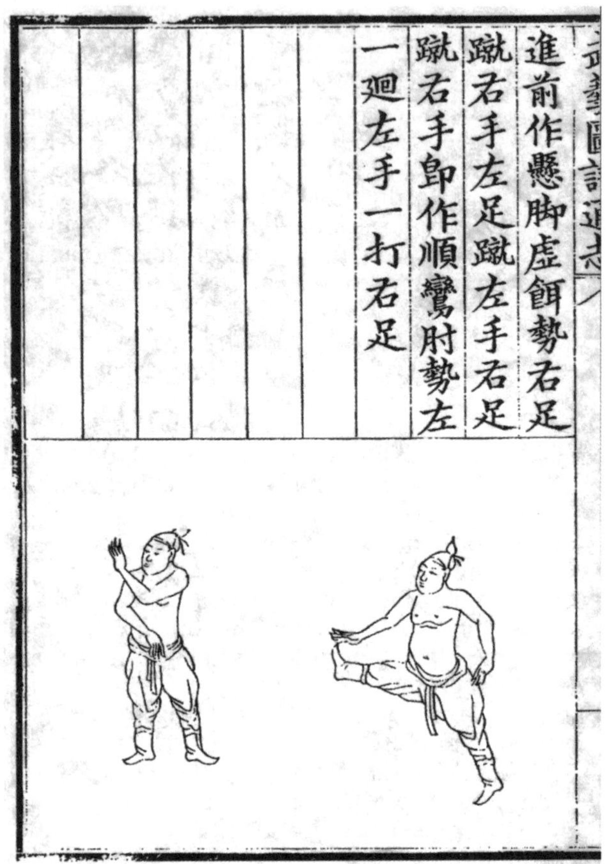

Movimientos de la rutina a mano vacía para el entrenamiento de tropas, del libro coreano *Manual comprensivo
ilustrado de artes marciales* (*Muye dobo tongji,* 1790).
Este libro se basó en anteriores manuales coreanos,
el primero de los cuales fue el *Manual comprensivo de las
artes marciales* (*Muyejebo,* 1598). Como se ha señalado,
esta obra se elaboró a partir del tratado de Qi Jiguang.

PUÑO LARGO, GOLPE CORTO

Durante la dinastía Ming, el ya citado Tang Shunzhi describe en su *Compendio marcial* un importante aspecto teórico y estratégico del kung-fu. Henning revela que, según Tang, el boxeo chino comprende dos tipos de técnicas: «puño largo» *(chang-quan),* o técnicas que se utilizan para acercarse al adversario, y «golpe corto» *(duanda),* o técnicas que se utilizan a corta distancia, una vez que los adversarios se han acercado. Tang analiza técnicas como los amagos, a los que llama «vacío», y los verdaderos ataques, a los que denomina «lleno», dejando claro que el puño largo, golpe corto, lleno y vacío deben equilibrarse para que la práctica sea completa. Al mismo tiempo Tang concluye, al igual que Qi, que «una vez se ha aprendido la rutina se debe practicar el combate libre».

De este modo, puño largo incluye técnicas ejecutadas con las piernas y los brazos extendidos, que se emplearían cuando el oponente se encontraba lejos o cuando este se alejaba del rival. El golpe corto, por su parte, se utilizaría cuando la distancia de pelea se acortaba, incluyendo técnicas como puñetazos a corta distancia, golpes de codo, rodilla, cabeza, proyecciones o luxaciones. Como hemos señalado, las técnicas a corta distancia, esto es, las técnicas de golpe corto a las que se refiere Tang, fueron favorecidas por Qi Jiguang para su aplicación militar, por razones obvias; en el campo de batalla el soldado debía evitar técnicas que le pudiesen hacer caer al suelo (por ejemplo, patadas altas) ya que esto le pondría en una evidente situación de desventaja y grave peligro respecto al enemigo. Además, el combate masivo entre dos ejércitos, o entre un ejército y un numeroso grupo de piratas, no dejaba mucho espacio de maniobra una vez que los dos grupos antagonistas se lanzaban a una lucha a muerte cuerpo a cuerpo, o cuando un oponente desarmado se tenía que abalanzar sobre otro que aún poseía sus armas.

El kung-fu del sur

Dentro de los diferentes estilos practicados al sur del río Yangtsé, figuran los llamados «estilos de los cinco animales» (dragón, tigre, serpiente, leopardo y grulla) o boxeo Hong. Estos estilos poseen las características atribuidas a los estilos del sur –esto es, priman las técnicas de mano, el combate a corta distancia y las posturas estables y cerradas–, así como las características de los estilos imitativos, de los que hablaremos en el siguiente apartado. El origen del boxeo Hong se basa en una leyenda creada durante la dinastía Qing que el profesor Meir Shahar relata del siguiente modo. Durante el reinado del emperador Kangxi (1662 - 1722) los «bárbaros xi lu» —pueblo de origen incierto para los investigadores— derrotaron al ejército de los Qing. Para lograr subyugarlos, los monjes de Shaolin acudieron en ayuda del emperador, logrando su objetivo y el reconocimiento del monarca. En señal de agradecimiento, este quiso incorporar a los monjes a su gobierno, oferta que fue declinada por los monjes, que deseaban volver al monasterio para seguir con su vida monacal. Tras su regreso, el monasterio fue objeto de intrigas políticas en la corte que concluyeron cuando una fuerza militar dirigida por oficiales Qing incendió el monasterio, matando a la mayoría de los monjes. Salvándose de la matanza, únicamente cinco monjes sobrevivieron —de nombres Li Sekai, Hu Dedi, Ma Chaoxing, Fang Dahong y Cai Dezhong—, escapando hacia el sur donde fundarían la Sociedad Cielo y Tierra *(Tiandihui)* con el lema *Derrocar a los Qing, restituir a los Ming (fan Qing fu Ming)*.

No obstante, al analizar esta nueva leyenda a la luz de los hechos históricos no se ha encontrado mención alguna en los registros oficiales acerca de una revuelta por parte de los xi lu, así como tampoco sobre la destrucción del monasterio en el periodo que aquella describe. Del mismo modo, los nombres de los monjes supervivientes no aparecen en los registros del monasterio Shaolin; sin embargo, sí que aparecen en los documentos de la Sociedad Hongmen (también conocida como *Gee kung tong*, una ramificación de la Sociedad Cielo y Tierra), en los que se incluyeron como miembros de la sociedad a figuras famosas de la dinastía Ming y hasta personajes de novelas. En la cúspide de esta sociedad, aparece como fundador el mítico príncipe Hong Ying (o Zhu Hongying, según las leyendas, nacido de un melocotón o de una concubina imperial Ming apodada «la divina concubina melocotón»); a continuación, el general de la dinastía Ming Shi Kefa (1601 - 1645), quien se suicidaría tras ser derrotado por las tropas manchúes; Zheng Chenggong (1624 - 1662), también conocido como Koxinga, un súbdito leal a los Ming que tomaría el control de Taiwán expulsando a los holandeses en 1662, y del que hablaremos más adelante; Chen Jinnan, un famoso personaje de las novelas de caballería *(wuxia);* y seguidamente los cinco monjes de Shaolin.

De este modo, la leyenda de la destrucción del monasterio de Shaolin del monte Song y la emigración de los cinco monjes fue una invención de las sociedades secretas, que utilizaron la fama del monasterio para generar antipatía en la población contra el régimen extranjero de los Qing, así como para engrosar las filas de sus adeptos, lo cual contribuyó a la difusión del boxeo Hong y en general de los llamados estilos del sur, muchos de los cuales afirman tener sus orígenes en el monasterio de Shaolin.

Pero aún otros hechos vendrían a manipular incluso más la ascendencia de los estilos del sur. A finales del siglo XIX estallaba la Rebelión de los Bóxers (*Yihe Tuan*, 1898 - 1901), en la que las sociedades secretas, como la ya citada Sociedad Cielo y Tierra o las Triadas *(Sanhehui),* tuvieron un papel protagonista como elementos de movilización social. Estas sociedades incorporaron en su «historia secreta» menciones al mítico —y del que no existe ninguna referencia histórica, como señalamos en el capítulo dos— monasterio de Shaolin del sur como fuente de sus habilidades marciales; sin embargo, como descubre Stanley E. Henning, estos relatos son relativamente modernos y no anteceden a la popular novela *El emperador Qianlong visita Jiangnan* (*Qianlong you Jiangnan*, c. 1893 - 1896), algunos de cuyos personajes provenían de este misterioso monasterio y fueron tomados como fundadores de diversos estilos del sur.

Otro de los considerados estilos del sur es el hoy famoso wing chun. Según las transmisiones orales, este estilo habría sido creado por la joven Yim Wing Chun como medio de defenderse de un jefe militar, que quería coaccionarla, a partir de las enseñanzas de Wu Mei (Ng Mui, en cantonés), una monja que había escapado a la destrucción del monasterio de Shaolin del sur. Como elementos originarios del mito del origen del wing chun, Henning señala que hasta el momento únicamente se conoce una referencia histórica, publicada en la gaceta del condado de Yongchun (*Yongchun xian zhi,* c. 1784), que cita a una mujer apellidada Ding como la creadora del estilo (lo cual no coincide con los nombres citados en la leyenda). La gaceta dice que Ding y su esposo se establecieron en el condado de Yongchun, enseñando artes marciales a veinticuatro personas. No existe mención alguna de que Ding fuese una monja o de que proviniese del monasterio de Shaolin del norte o del sur. Añade Henning que la creación del wing chun se remonta aproximadamente al reinado del ya citado emperador Kangxi (1662 - 1722), el cual coincide con la publicación de la novela de Pu Solin (1640 - 1715) *Extrañas historias del estudio de las conversaciones cortas (Liaozhai zhiyi)*, la cual se compone de cientos de relatos. Uno de ellos, titulado *Habilidades marciales*, narra cómo una anónima monja budista estaba demostrando artes marciales en la calle y derrotó a un hombre que decía haber entrenado artes marciales con un monje que supuestamente venía de Shaolin. Un personaje similar aparece en la ya citada novela *El emperador Qianlong visita Jiangnan*, e igualmente la monja Wu Mei aparece en los documentos de la Sociedad Cielo y Tierra. Todo ello apunta, una vez más, a que la leyenda de la creación del wing chun fue una invención de las sociedades secretas concebida para atraer nuevos miembros a su causa.

LOS ESTILOS IMITATIVOS

Desde tiempos inmemoriales los seres humanos han buscado identificar características notables en los animales que habitan su entorno, hasta el punto de imitarlos e incluso identificarse con ellos. En la China antigua, entre los años 184 y 220 d. C. (finales de la dinastía Han del Este), hace su aparición Hua To, un famoso médico que creó una serie de ejercicios que imitaban las posturas del tigre, del ciervo, del oso, del mono y de algunas aves *(wu qin xi)*. Estos ejercicios influyeron en el nacimiento del chi kung y del boxeo imitativo *(xiang xin quan)*. Así, existen estilos de kung-fu, tanto del norte como especialmente del sur, que se han identificado con ciertos animales, algunos considerados sagrados en China. Uno de los personajes más pintorescos es el famoso Rey Mono *(Sun Wukong)* cuyo coraje, inteligencia y habilidad marcial es ensalzada en la gran novela clásica china *Viaje al oeste* (*Xi you ji*, c. 1590), atribuida al novelista y poeta Wu Chengen (c. 1505 - 1580).

No obstante, aunque algunos estilos dicen inspirar sus técnicas en la observación de los animales, la realidad es muy diferente. Así, por ejemplo Tim Cartmell, un experto estadounidense de estilos «internos» y sus aplicaciones para el combate, además de traductor de obras clásicas de kung-fu, comenta que las rutinas de los animales del *xingyi quan* no buscan su imitación, sino que representan una cierta energía y actitud específica que enseñan al practicante cómo moverse para posteriormente ser aplicadas en combate.

Sin embargo, muchos estilos han llevado la práctica de la imitación hasta extremos que les han hecho ser poco o nada efectivos para el combate debido a sus movimientos, posturas y técnicas exageradas. Una opinión similar la expresaba el experto taiwanés de sistemas «internos» Hong Yixiang (1925 - 1993):

> Los seres humanos no somos como los otros animales, no poseemos colmillos o garras afiladas… somos los animales más débiles. Cuando la grulla mueve sus alas, existe una forma y una intención, la forma es el movimiento de las alas, la intención es la de volar, nosotros copiamos esta intención con nuestros puños…

Es aquí donde podemos introducir la noción de «estilos folclóricos», como aquellos practicados fundamentalmente por la población civil y que poseían movimientos no efectivos para el combate (en contraste con las artes militares, con un enfoque netamente marcial), puesto que su objetivo era el de la espectacularidad, sirviendo de atractivo en exhibiciones en festivales, ferias, celebraciones, ritos, etc. El historiador chino Kang Gewu comenta que durante la dinastía Song (960 - 1279) se mencionaba la diferencia entre la práctica marcial enfocada al ejército *(shi zhan wuyi)* y la práctica marcial de exhibición *(hua fa wuyi)*, realizada por la gente del común. Durante este periodo se patrocinó la práctica del *hua fa wuyi*, combinado con movimientos acrobáticos con y sin armas, de un modo similar al *wushu* contemporáneo, que se caracteriza por la inclusión de elementos de dificultad *(nandu)* en sus rutinas. El propio emperador Taizong (976 - 997), reclutó personas con buen conocimiento de *wuyi* y acrobacias, organizándolas en grupos de izquierda y derecha *(zuo you jun)* para que aprendiesen diferentes habilidades que serían exhibidas en demostraciones.

A finales de la dinastía Song, el kung-fu ya se había convertido en la principal atracción en ferias y celebraciones, con rutinas completamente establecidas como consecuencia del control imperial al que se había sometido la práctica marcial en el ámbito civil, buscando mantener el control social. Aunque la práctica marcial fue prohibida durante la dinastía Yuan (1271 - 1368), esta continuó en sus formas de exhibición en festivales y ceremonias. Durante la subsiguiente dinastía Ming, el kung-fu de la población civil se caracterizó por la utilización de elementos acrobáticos y de exhibición, hecho que fue criticado por aquellos que defendían su carácter militar. El propio general Qi Jiguang, entre otros, atacó duramente lo que él llamaba técnicas «floridas» *(hua fa)*, buscando en su lugar la aplicación práctica y efectiva de aquellos estilos que preservaron estrictamente su función marcial. Así, como ya hemos señalado, Qi tomó técnicas de los dieciséis estilos que consideró los más eficientes y prácticos de su tiempo, depurando una forma de treinta y dos movimientos que serviría de base para el entrenamiento de sus tropas en el combate sin armas. Entre estos estilos, es interesante mencionar el boxeo del mono *(hou quan)*, ya que en apariencia —en una exhibición actual de este estilo cualquier observador apreciaría numerosos movimientos acrobáticos y un gran énfasis en la imitación de los gestos y actitudes de este animal— se trataría de un estilo imitativo. Esto nos lleva a concluir que, con toda probabilidad, el estilo que Qi analizó e incorporó en su rutina estaba muy lejos de ser el mismo estilo del mono existente hoy en día.

Otras fuentes señalan que durante la dinastía Qing los aspectos folclóricos del kung-fu llegaron a alcanzar al ámbito militar, lo que no es extraño puesto que también este poseía sus propias ceremonias, fiestas y celebraciones. Kang Gewu apunta que en 1785 se hace mención a que el entrenamiento marcial en las barracas del Ejército Verde (una fuerza de reserva de la etnia han) estaba basado en su mayor parte en técnicas floridas. Así, el gobernador general de Shaan-Gan, Fu Kang An, informó ese año al emperador de que «el Ejército Verde se ve bien en inspecciones y desfiles pero no tiene ninguna utilidad en el campo de batalla». De un modo prácticamente idéntico, el emperador Jia Qing (1796 - 1820) escribió un edicto en el que se señalaba que «el wuyi en las barracas del Ejército Verde es florido y solo es útil para exhibiciones, pero no para uso práctico». Ambas afirmaciones se podrían explicar como una muestra de desprecio por parte del poder dominante de los Qing (manchúes) respecto a sus subalternos chinos (han); sin embargo, también podría tener un significado cercano a la realidad, mostrando cómo la práctica marcial en las tropas de la etnia han se había transformado en prácticas vistosas, perdiendo su eficacia combativa como consecuencia de las restricciones a la práctica marcial impuestas por los manchúes, quienes continuaron su práctica marcial con un enfoque militar.

Como resumen de este capítulo, puede afirmarse que la clasificación de estilos del norte y del sur

Cinco ejercicios imitativos de animales *(wu qin xi)*,
de Hua To.

contiene muchas excepciones, lo que hace que esta sea, en el mejor de los casos, inexacta. Reconocidas figuras históricas del kung-fu, como Qi Jiguang o Tang Shunzhi, mencionan en sus obras que un buen practicante debería dominar un amplio abanico de técnicas, tanto para la larga como para la corta distancia, señalando además la importancia de evolucionar hacia la práctica «real» del combate. Sobre estas bases teóricas, algunos estilos escogieron enfocarse en ciertas técnicas a corta distancia, mientras que otros prefirieron practicar una combinación de técnicas de larga y corta distancia, en ambos casos manteniendo el ideal de eficacia combativa propia del ámbito militar del kung-fu. Otros estilos, sin embargo, decidieron basar sus técnicas en movimientos de tipo imitativo y folklórico, orientándose al espectáculo y a la exhibición, que son los que conforman muchos de los estilos de tipo imitativo que se conocen y practican hoy en día.

6

El kung-fu durante el periodo republicano

A principios del siglo xx China se encontraba en un momento realmente difícil de su historia. Durante todo el siglo xix el sistema imperial de los Qing se había deteriorado a pasos agigantados, creando un país atrasado, inestable y política, social y económicamente débil. Las presiones extranjeras, cada vez más agresivas, así como los movimientos de sublevación internos, fueron responsables de importantes conflictos entre los que pueden destacarse las Guerras del Opio (1839 - 1842 y 1856 - 1860, respectivamente), la Rebelión Taiping (1850 - 1864), la primera Guerra Chino-Japonesa (1894 - 1895) o la ya mencionada Rebelión de los Bóxers (1898 - 1901). Conscientes de la situación, los Qing se lanzaron a un desesperado proceso de modernización del país a diversos niveles, entre los que se incluyó el campo de la cultura física. Las prácticas tradicionales como el kung-fu comenzaron a ser despreciadas por anacrónicas y supersticiosas, ello a pesar de su amplia difusión social como consecuencia de la emigración rural a áreas urbanas, que había propiciado el incremento de escuelas de artes marciales *(wu guan)*.

Apartándose de las prácticas tradicionales chinas, el gobierno buscó la asimilación de modelos extranjeros; por ejemplo, en 1904 se introdujo el entrenamiento militar en las escuelas siguiendo programas alemanes y japoneses. Durante esta época también se importó la práctica del atletismo o deportes occidentales como el balonmano, entre otros.

Todo este movimiento de rechazo hacia lo tradicional, como cabría esperar, no fue monolítico. Previamente al establecimiento de la República en 1912, algunas organizaciones habían abierto sus puertas para la enseñanza del kung-fu, entre ellas la Asociación Jing Wu (literalmente, «Esencia de las Artes Marciales»), inaugurada en 1909 en la ciudad de Shangai. Esta asociación no solo promovió el kung-fu, sino también la práctica de deportes occidentales y el estudio de la lengua inglesa, entre otras actividades, buscando la armonía entre tradición y modernidad.

Durante toda la convulsa etapa republicana (1912 - 1949), China sufrió importantes luchas intestinas, tanto en el denominado periodo de los Señores de la Guerra (1912 - 1928) como en la subsiguiente Guerra Civil china (1927 - 1950), además de la brutal agresión que sufrió el país durante la Segunda Guerra Chino-Japonesa (1937 - 1945). No es extraño, por tanto, que el mayor desarrollo del kung-fu durante el Periodo Republicano tuviese un enfoque militar. Asimismo, durante esta época numerosos personajes importantes reconocieron el valor de las prácticas marciales tradicionales como medio útil para generar y fortalecer un sentimiento patriótico en los ciudadanos chinos, como reacción al enemigo exterior.

LAS UNIDADES DE CUCHILLOS LARGOS

El periodo de los Señores de la Guerra se caracterizó por la incapacidad del gobierno central para afirmar su autoridad sobre todo el territorio chino. Esto condujo a que los líderes de diferentes facciones militares —esto es, los «señores de la guerra»— se hiciesen con el control de numerosas partes de China, enfrentándose mutuamente para obtener el control absoluto de la nación. Uno de estos líderes fue Feng Yuxiang «el General Cristiano» (1882–1948), entre cuyos logros figura el haber logrado formar un ejército bien disciplinado en un momento histórico en el que, como apunta el profesor de ciencias políticas de la Universidad de Carolina Hsi-sheng Chi, la indisciplina era una pauta de comportamiento habitual. Esta falta de disciplina fomentaba entre la soldadesca lo que Hsi-sheng Chi denomina «mentalidad mercenaria», esto es, que los soldados participaran en las batallas teniendo como principal objetivo el saqueo o la obtención de recompensas.

El general Feng, por el contrario, se preocupó por disciplinar tanto a sus soldados como a sus comandantes. Como señala el historiador estadounidense James E. Sheridan, Feng exigía a los oficiales poseer un nivel elemental de educación y pasar por un periodo de instrucción en tácticas militares, manejo de tropas, topografía, armas, historia militar, fortificaciones y normas. Por su parte, las tropas eran entrenadas físicamente mediante la práctica de pesas, pruebas de pista, boxeo, gimnasia, marcha rápida, etc. Los oficiales, entre los que se encontraba habitualmente el propio Feng, debían compartir las mismas penalidades que los soldados rasos, actitud que sirvió para que los soldados fuesen leales al general y a sus oficiales.

A pesar de este moderno adiestramiento, Feng tenía un alto concepto de las artes marciales chinas,

Unidad de cuchillos largos *(da dao dui)* pasando revista.
A pesar de que el *da dao* era teóricamente un arma
secundaria, la falta de armamento moderno lo convirtió
en un arma fundamental en algunas unidades del
ejército republicano.

valorándolas no solo como medios para el acondicionamiento físico o la autodefensa, sino también como instrumento para fomentar el patriotismo. Las actividades de entrenamiento que Feng utilizó sirvieron como base para la creación de las unidades de cuchillos largos *(da dao dui),* las cuales continuarían como parte del Ejército del Norte durante la Segunda Guerra Chino-Japonesa.

El *da dao* o «cuchillo largo» es una de las variedades de sable chino. Se caracteriza por utilizarse con las dos manos debido a su gran tamaño y tiene una gran capacidad de corte en virtud de la distribución de su peso. El *da dao* que utilizaron algunas unidades del ejército era similar a los usados por la población civil a finales de la dinastía Qing y comienzos de la república. El puño era largo, terminando en un anillo de metal, y la hoja terminaba en una punta ancha, lo que lo convertía en un arma ideal para cortar *(pi sha).*

Durante la Segunda Guerra Mundial existieron diferentes diseños y métodos de fabricación, aunque básicamente pueden clasificarse en dos tipos: aquellos fabricados para el ejército regular y los fabricados por la población civil. El *da dao* del ejército *(jun yong da dao)* era más o menos «estándar», con una longitud total de entre 85 a 90 centímetros. La longitud de la hoja era de 60 centímetros y un peso que oscilaba entre los 1,2 y 1,5 kilogramos. El lomo de la hoja era notablemente más grueso que el filo, ensanchándose la hoja del sable desde la empuñadura a la punta. Estos *da dao* eran de mayor calidad que sus homólogos civiles, debido entre otras circunstancias a que las fábricas oficiales utilizaban acero, mientras que los herreros locales utilizaban cualquier pedazo de metal que pudieran encontrar, lo que también contribuyó a las diferencias de medidas y diseños.

Como tales, en el escenario de la guerra moderna los *da dao* no podían ser sino armas de apoyo, útiles en el caso de que el soldado perdiera o dañara su rifle. No obstante, las armas de fuego aún eran escasas en el ejército chino, y repararlas requería tiempo y mano de obra especializada. Además, muchos de los rifles que poseían las tropas chinas eran obsoletos. Como relata He Huan Feng, hijo del oficial de la Unidad 29 He Ji Feng:

> [...] los rifles que poseían los soldados se atascaban con frecuencia cuando había que disparar; estos rifles eran antiguos, su longitud era demasiado larga y causaban que el soldado tropezase habitualmente. Era frecuente que los soldados chinos simplemente abandonasen estos rifles como si fueran basura, al punto que preferían estar armados con un simple bastón.

Por todas estas razones, algunas unidades del ejército chino fueron armadas con cuchillos largos y granadas de mano. Los cuchillos largos eran armas baratas y fáciles de fabricar, ya que era común encontrar un herrero en cualquier población que pudiese elaborarlos o repararlos.

Debido a la desventaja bélica del ejército chino, se impuso la necesidad de llevar a cabo ataques sorpresa y tácticas de guerra de guerrillas. Era común que se organizasen ataques durante la noche, aprovechando la ventaja del conocimiento del terreno. Como arma, el *da dao* tenía aquí algunas ventajas adicionales a las ya mencionadas: era silencioso y su peso y longitud permitía cortar con facilidad, lo que le hizo un adversario formidable contra el manejo del rifle-bayoneta propio del ejército japonés.

No está claro cuándo se organizó la primera unidad de cuchillos largos. Menciones a este tipo de unidades militares ya aparecen en 1917, y puede que sean anteriores. Con todo, durante las campañas que Feng Yuxiang dirigió contra otros líderes militares se propuso la contratación de expertos en el uso del sable con el objeto de que enseñasen sus métodos a las tropas chinas. Entre los más famosos se encuentran los hermanos musulmanes de etnia *hui* Ma Yingtu (1898–1956) y Ma Fengtu (1888–1973), quienes crearían posteriormente un programa de entrenamiento para el Ejército del Noroeste. Los hermanos Ma eran expertos en boxeo de los ocho extremos *(baji quan),* manos cortantes *(pigua quan),* puño rotante *(fanzi quan),* pie penetrante *(cuo jiao),* lanza gigante *(da qiang)* y otras armas tradicionales. Ambos también crearon el sistema «Conectar todo de la familia Ma» *(Ma tong bei),* combinando los estilos mencionados. Otro famoso artista marcial que entrenó unidades de cuchillos largos fue Wang Ziping (1881 - 1973), un experto en baji quan, lucha china *(shuai jiao),* boxeo cha *(cha quan)* y armas tradicionales. Del mismo modo, Shang Yunxiang (1864 - 1937) enseñó sable relámpago *(wu xing dao),* y Li Yaochen (1876 - c.1973), antiguo jefe de seguridad de la emperatriz Ci

Xi durante la dinastía Qing, enseñó sable sin límites *(wu ji dao fa).*

Todos estos esfuerzos dieron algunos resultados. En 1925, el general Feng utilizó con éxito sus unidades de cuchillos largos en una de sus campañas contra el líder militar y artista marcial Li Jinglin, famoso por su habilidad con la espada recta, tomando el control de la ciudad de Tianjing. El ya citado artista marcial y oficial de Feng, Ma Yingtu, seleccionó un grupo de doscientos soldados para formar un grupo suicida *(gan si dui)* al que se armó con pistolas máuser C-96, granadas de mano, rifles y cuchillos largos. La formación de batalla de esta unidad especial fue denominada formación cangrejo *(xie zhen),* ya que su estrategia principal era la de rodear al enemigo, en una figura similar a la que presentan las tenazas de este animal, organizando ataques sorpresa bajo la cubierta de la noche. Más adelante, las unidades de cuchillos largos también participaron en las campañas del Ejército del Noroeste contra los japoneses durante la defensa de la Gran Muralla, entre enero y mayo de 1933, y en muchas otras campañas antes y durante la Segunda Guerra Chino-Japonesa. Una de las razones por las que se tuvieron que mantener estas unidades, a pesar de su obsolescencia, fue la falta de armamento moderno.

Algunos relatos de unidades de cuchillos largos organizadas en las comunidades musulmanas que se unieron al ejército comunista provienen del escritor y reportero estadounidense Edgar Snow (1905 - 1972), que residió muchos años en China. Entre 1936 y 1937, Snow visitó el regimiento de entrenamiento para tropas musulmanas que formaba parte del 15º cuerpo del ejército. Estas tropas eran físicamente más altas y fuertes que el promedio, mostrando según Snow una gran habilidad en el manejo del *da dao,* gracias a la cual podían cortar fácilmente la cabeza de cualquier enemigo.

Además de utilizarse en tácticas de guerrillas, las unidades de cuchillos largos también se utilizaron como tropas de choque. Durante la Segunda Guerra Chino-Japonesa, los soldados que conformaban el Ejército del Norte eran por lo general más grandes que sus adversarios japoneses, lo cual sumado al entusiasmo fanático de las tropas chinas y su habilidad en el uso del *da dao* causó terror en las filas niponas. De hecho, las tácticas de combate cuerpo a cuerpo de estas unidades fueron bastante efectivas frente a los japoneses, que habían sido entrenados en la lucha usando el rifle-bayoneta. Frente a la estocada de la bayoneta, el entrenamiento con el *da dao* se centraba en las técnicas de cortar-matar *(da dao pi sha)*. Una de las unidades de cuchillos largos más famosa por sus heroicos esfuerzos fue la ya citada Unidad 29, bajo las órdenes del general Song Zheyuan (1885 - 1940), quien continuó con la tradición de entrenar sus tropas en el uso del *da dao*. Esta unidad combatió a los japoneses durante la ya citada defensa de la Gran Muralla en 1933, en numerosos lugares como Dong Jia Kou, Xi Feng Kou, Pan Jia Kou, Luo Wen Yu, etc.

Los instructores que enseñaron el uso del *da dao* crearon una serie de rutinas cuyas características eran su simplicidad y eficiencia, lo que las hizo fáciles de enseñar a grupos numerosos de soldados. Para contrarrestar las técnicas de los soldados chinos, los japoneses utilizaron una protección en el cuello que consistía en una especie de anillo de metal; sin embargo, los soldados chinos pronto modificaron sus técnicas de ataque con el *da dao* para contrarrestar esta protección. El *da dao* se convirtió en el arma ideal para la lucha cuerpo a cuerpo. Como puede imaginarse, las unidades de cuchillos largos sufrieron grandes bajas ante las mejor armadas filas japonesas, no sin antes causar considerables daños.

El conservador y experto en armas antiguas chino Huangfu Jiang comenta que entre la población civil

Mujeres civiles armadas con el *da dao* oficial
(*jun yong da dao*). Durante la agresión japonesa las mujeres
chinas también formaron parte de la resistencia, llegando
a comandar unidades de cuchillos largos.

también se organizaron unidades de cuchillos largos, creándose milicias y guerrillas que entrenaban a sus propios componentes, entre los que también se incluyeron mujeres. Dentro de las líderes que llegaron a comandar unidades de cuchillos largos figuran Dong Ruxian, que dirigió la unidad *Pusang da dao*, en el pueblo de Pusang (provincia de Henan) y Wu Chuanmei, en la provincia de Guandong.

LA ACADEMIA CENTRAL DE ARTES NACIONALES

La Academia Central de Artes Nacionales *(Zhongyang Guoshu Guan)* fue una importante iniciativa desarrollada durante el Periodo Republicano para la promoción del kung-fu. Su impulso inicial se debe al comandante Zhang Zhijiang (1882 - 1969), quien sirvió bajo las órdenes de Feng Yuxiang. Zhang había nacido en la provincia de Hebei, en un área de Cangzhou de reconocida tradición marcial conocida como Villa

Marcial *(Wushu Zhi Xiang)*, y era un devoto practicante de *taiji quan*, al que atribuía haberse recuperado de las enfermedades que padeció desde niño debido a su débil constitución. En 1927, un año antes de que se abrieran las puertas de la academia, Zhang y el influyente oficial gubernamental Li Liejun propusieron cambiar el nombre con el que se conocían las artes marciales chinas de «arte marcial» *(wuyi)* a «artes nacionales» *(guoshu)*, con el objetivo de reflejar el origen nacional de estas técnicas y generar un sentimiento de patriotismo, unión y orgullo entre sus practicantes. Este cambio fue otra expresión del movimiento nacionalista que bautizó diversos símbolos nacionales *(guo hui)* como la bandera nacional *(guo qi)*, pintura nacional *(guo hua)*, etc. El concepto de *guoshu* incluyó deportes nativos chinos tales como el tiro con arco *(she jian)*, el juego del gallito *(jian zi)*, eventos de fuerza *(ce li)* entre otros, con la práctica marcial como elemento central.

Desde sus propios inicios, la academia encontró una fuerte oposición en algunos miembros del Kuomintang, el partido político que gobernaba China en ese momento. Estos oficiales —los líderes del Kuomintang eran militares— vieron la iniciativa como retrógrada y poco coherente con una nación en proceso de modernización; y como ejemplo radical puede citarse al miembro de la comisión nacional de educación Chu Minyi, que diseñó una bola de *taiji (taiji qiu)* que pesaba unos trescientos kilos (una bola normal de *taiji* puede pesar en torno a los 2,5 kg) para retar a cualquier artista marcial a que probase su habilidad marcial moviéndola. Otro problema eran los fondos para pagar los gastos del proyecto, pero con todo, y tras algunos intentos fallidos, la mediación de Li Liejun permitió que el proyecto de Zhang viese la luz. Los cuarteles generales de la Academia Central de Artes Nacionales se abrieron en la ciudad de Nanjing —capital de la república— en marzo de 1928, a los que seguirían otras sucursales en Jiangsu, Zhejiang, Anhui y posteriormente en Jiangxi.

Durante el primer año, Zhang contrató sesenta instructores y asistentes para que liderasen a doscientos noventa estudiantes provenientes de diferentes provincias. El programa de la academia se desarrollaba durante tres años; según el profesor de historia de la Universidad Politécnica de California Andrew D. Morris, los dos primeros años se dedicaban a la transmisión de contenidos, mientras que durante el tercer año los estudiantes debían hacer prácticas como instructores enseñando a sus compañeros de cursos inferiores, trabajo por el cual recibían un salario. Los estudiantes eran evaluados cada seis meses, y a su vez la academia organizaba una reunión mensual con un grupo de consultores para evaluar y sugerir cambios en sus programas y actividades.

Desafortunadamente, la academia comenzó teniendo importantes problemas internos, al desbordarse las desavenencias entre Wang Ziping (1881 - 1973), director del departamento de estilos de Shaolin, y Gao Zhendong (1879 - 1960), director del departamento de estilos de Wudang. Para tratar de resolver estas disputas, se propuso realizar una competición entre ambos grupos, autorizada por Zhang Zhijiang, en parte porque este tenía curiosidad por ver el resultado. Wang Ziping, que como ya hemos señalado era un experto en diversos estilos con y sin armas, se enfrentó a Gao Zhendong, experto a su vez en el puño de la mente e intención *(xingyi quan),* boxeo supremo último *(taiji quan)* y armas tradicionales. Los dos directores combatieron con lanzas de bambú durante diez asaltos hasta que se acordó un empate.

A continuación, se enfrentaron los supervisores de los dos departamentos; Li Yinhu, de Wudang, contra Ma Yufu, de Shaolin, con una agresividad tal que hizo que Yang Songshan, un instructor en la Academia

Militar de Huang Pu, de Nanjing (institución donde se formaban los oficiales del ejército republicano), que también trabajó al lado de Zhang, sugiriese a este que se parase el combate para evitar males mayores.

Como consecuencia de este incidente, Zhang eliminó los departamentos de Shaolin y Wudang y reorganizó la estructura de la academia a partir de tres nuevos departamentos: educación, auditoria y administración. El departamento de educación, cuyo primer director fue el miembro del partido y creador del «nuevo wushu» (*xin wushu*, que incluía habilidades marciales con y sin armas). Ma Liang, se encargó de organizar, investigar y preparar material para la enseñanza de las artes marciales. El departamento de auditoría, cuyo primer director fue Li Chongjin, tenía como principal cometido la recolección y organización de documentos y libros relacionados con las artes marciales. Por último, el departamento de administración, que tuvo como primer director a Li Zhimao, se encargaba de la contabilidad y las finanzas de la academia. Ma, los Li y Tang Hao —el ya citado famoso historiador de las artes marciales chinas, que fue contratado durante el primer año de vida de la academia para servir en la sección editorial del departamento de auditoría— fueron los responsables de sentar las bases para que las sucursales de la academia se organizasen a nivel local y provincial. Su trabajo fue publicado en 1929 con el título *Esbozo de la organización de la Academia Central de Artes Nacionales (Zhongyang guoshu zuzhi dagang)*.

Debido a su importancia como promotor del kung-fu y riguroso investigador de su historia, merece la pena dedicar unas líneas a Tang Hao (c. 1897 - 1959), también conocido como Tang Fansheng. Tang nació en el condado de Wu (provincia de Jiangsu), en el seno de una familia de muy escasos recursos, lo que le obligó a abandonar la escuela tempranamente. A pesar de ello, Tang cultivó una intensa afición por la literatura y las artes marciales, lo que le haría estudiar leyes y política en Japón y aprender las artes marciales del boxeo de las seis armonías *(liuhe quan)* del maestro Liu Zhen'nan y, posteriormente, *xingyi quan* y *taiji quan* de Li Cunyi (1847 - 1921) y Chen Fake (1887 - 1957), todas ellas en Shangai, donde había emigrado en su juventud.

Tang trabajó como rector de la escuela primaria de Shanghai *(Shanghai Sang Gong),* enseñando también kung-fu a sus estudiantes. En sus clases, Tang enfatizaba el acondicionamiento del cuerpo como base de toda práctica marcial, rechazando por absurda la idea de «técnicas secretas». Desde su punto de vista, la efectividad de un arte marcial radicaba en la maestría de las técnicas del estilo que se escogiese, junto con un buen acondicionamiento físico. Asimismo, promovía el carácter práctico —aplicado al combate— del entrenamiento, criticando el «embellecimiento» de las técnicas marciales orientado a la exhibición.

Desde la perspectiva académica, Tang fue un investigador estricto, realizando su trabajo sobre la base de hechos y no de leyendas. Promulgó el estudio científico del kung-fu, atacando duramente el enfoque de las diferentes escuelas en relación a los linajes y su asociación con la religión, lo oculto y lo sobrenatural. Del mismo modo, fue el primero que refutó en su *Estudio de Shaolin y Wudang (Shaolin Wudang kao,* 1930) la concepción popular de que el *taiji quan* fue creado por Zhang Sanfeng, así como las leyendas sobre el monasterio de Shaolin.

PROMOCIONANDO EL *GUOSHU*

Los esfuerzos de la academia para promocionar el *guoshu* —las «artes nacionales» equivalentes al kung-fu— y captar los mejores talentos que pudiesen asegurar su futuro desarrollo fueron más que notables, dadas las difíciles circunstancias históricas. Estos esfuerzos se tradujeron en diversos tipos de iniciativas, desde los exámenes naciones de *guoshu*, a competiciones locales, exhibiciones o visitas de investigación.

En relación a los exámenes nacionales de *guoshu*, la academia llegó a organizar dos ediciones, cuyo propósito era encontrar a los mejores artistas marciales y contratarlos como instructores. El primero de estos exámenes, que atrajo a más de cuatrocientos participantes de diferentes provincias, tuvo lugar entre el 6 y el 19 de octubre de 1928 en el Estadio Central de Nanjing, constando de las siguientes pruebas. En primer lugar, cada candidato debía demostrar su habilidad con armas como el sable, la espada, el bastón largo y su habilidad en rutinas sin armas. Solo después de resultar apto en esta primera fase, el candidato podía pasar a la segunda parte del examen, que constó de pruebas de combate libre con contacto completo —esto es, llegando a golpear realmente al adversario— de lucha china *(shuai jiao)*, pelea sin armas *(sanshou)*, y pelea con armas largas *(chang bin)* y cortas *(duan bin)*, sin que existiesen categorías de peso o límites de edad.

Las reglas para el desarrollo de los combates fueron ideadas por el ya citado artista marcial Ma Yingtu, y pueden resumirse del siguiente modo: los combates se celebrarían en una plataforma elevada *(lei tai)*. Aquellos candidatos que ganaran dos de los tres asaltos que tenía cada combate, o que dejasen fuera de combate al adversario, se proclamaban vencedores; los ataques puntuaban siempre que llegasen al cuerpo del rival, excepto aquellos dirigidos a la garganta, los ojos y la parte trasera de la cabeza, que no estaban permitidos; una vez superados los combates, los candidatos debían superar un examen oral —posiblemente una mera formalidad, ya que no hay constancia de que ningún candidato lo suspendiese— sobre los *Tres principios de la gente (San min zhu yi)*, una filosofía política desarrollada por Sun Yat Sen (1866 - 1925, primer líder del Kuomintang, padre y primer presidente de la República) como parte de un plan para hacer de China un país libre, próspero y poderoso.

En este primer examen, de los más de cuatrocientos candidatos iniciales trescientos superaron la primera prueba. Los posteriores combates, que contaron con la asistencia de importantes miembros del Kuomintang como Feng Yuxiang, Ma Liang, Li Liejun y Tan Yankai, entre otros, dejaron únicamente a diecisiete candidatos. Debido a que la academia había gastado sus fondos en este examen, y para evitar lesiones más serias en los finalistas, se pararon las competiciones sin llegar a proclamar un campeón absoluto. La idea inicial, que era la de contratar a los primeros quince finalistas, logró cumplirse ya que Guo Changsheng (1896 - 1967) y Yang Songshan, dos de estos diecisiete finalistas, ya eran miembros de la academia y cedieron sus puestos en favor de los otros finalistas a petición de Zhang Zhijiang.

No obstante, a pesar de todo, este primer examen nacional de *guoshu* terminó con algunas controversias, ya que debido a la falta de divisiones de peso se observó que algunos de los ganadores lo fueron debido a su ventaja física y no a su mayor habilidad técnica o táctica.

Por su parte, el segundo examen nacional de *guoshu* se celebró entre el 20 y el 30 de octubre de 1933, en el mismo emplazamiento que el anterior. En esta ocasión se introdujeron importantes novedades para los 438 candidatos, tratando de resolver los problemas surgidos en la anterior edición. En primer lugar, se crearon cinco categorías de peso, se eliminaron las demostraciones individuales y se mejoró el arbitraje de los combates. También se eliminó la plataforma elevada y se instauró un sistema de «no KO», con el objeto de evitar las abundantes lesiones que se habían producido en el anterior examen.

Se permitió la participación femenina, en pruebas de boxeo y pelea con armas. No obstante, algunos directores de la academia no veían con buenos ojos la participación femenina debido a su mentalidad machista, por lo que en 1934 Zhang Zhijiang canceló el ingreso de mujeres en la institución.

Además de los exámenes nacionales de *guoshu*, también se promovieron otras iniciativas para lograr la difusión del «arte nacional». En 1929, la provincia de Zhejiang organizó durante once días una competición que contó con un número aproximado de cuatrocientos participantes, entre los que se encontraban algunos de sus estudiantes, entre ellos Wang Ziqing, que fue el vencedor de la competición. Como premio, Wang recibió la suma de cinco mil yuanes, que compartió con los demás finalistas como muestra de que su participación había sido para promocionar el *guoshu* y no por intereses monetarios.

Sin embargo, lo que realmente sucedió según Han Qintang (1903 - 1976), uno de los finalistas de la competición de Zhejian y famoso instructor en Taiwán, fue que durante los combates los jueces decidieron cambiar las reglas de la competición para primar las técnicas de proyección sobre las de golpeo, hecho que favoreció a Wang Ziqing, que era experto en lucha china. Wang, reconociendo este hecho, decidió compartir su premio. Tras esta competición Zhan Zhijiang contrató al artista marcial y participante de la competición de Zhejiang, Cao Yanhai, como instructor jefe de la sucursal de la academia en esa provincia.

De un modo similar, también se organizó una competición en Shanghai en 1934, patrocinada por el alcalde de la ciudad y el artista marcial Jiang Jieshi. En octubre de 1935 se organizaron los VI Juegos Nacionales de *Guoshu* en el estadio de Shanghai, incluyendo en el programa el manejo de armas tradicionales, tiro con arco, boxeo, lucha, juego del gallito,

Esta fotografía, inédita hasta la fecha, muestra la sucursal de la academia de *guoshu* fundada por Ma Fengtu en la provincia de Gansu. Obsérvese la gran cantidad de armas desplegadas a ambos lados de la entrada.

pruebas de fuerza y combates libres. En enero de 1936, la academia envió una delegación de estudiantes en visita de promoción a las ciudades de Singapur, Kuala Lumpur, Kampar, Yanbao, Penang y Manila, durante la cual se realizaron más de sesenta demostraciones con el objetivo de fomentar la práctica del *guoshu*.

En otro ámbito de actuación, en mayo de 1930, Zhang, Tang Hao y otros miembros de la academia viajaron al Japón en una visita de investigación. Zhang tenía un interés especial en la práctica del judo, y por esta razón se organizaron combates amistosos entre especialistas de judo y de lucha china que permitieron comparar las fortalezas y debilidades de estos estilos. Durante esta misma visita, los miembros de la academia también asistieron a demostraciones de kendo (esgrima japonesa) y sumo (lucha japonesa). A su vuelta, e impresionados por el desarrollo que habían alcanzado las artes marciales en Japón, Tang y Zhang escribieron varios artículos criticando cuánto se había descuidado la práctica del *guoshu*, tanto en el ejército como en la población civil, al comparar la situación china con el modelo japonés.

Tratando de recuperar el tiempo perdido, se organizaron cursos de lucha china, boxeo chino y combate con rifle-bayoneta *(ci qiang)*. En la misma línea, en 1935 un grupo de oficiales de la academia, dirigidos por Zhang, viajaron durante cinco meses a Estados Unidos, Gran Bretaña, Francia, Alemania, Italia, Austria y Checoslovaquia con el objeto de investigar sus modelos de educación y cultura física.

Los esfuerzos de la academia no se limitaron a las artes marciales, sino que también se extendieron al campo de los deportes. En 1932, Zhang asistió a una reunión deportiva en la cual se denunció la falta de entrenadores cualificados. Por esta razón, Zhang ideó un programa deportivo, inaugurándose en 1933 un colegio adyacente al que se le bautizó como *Colegio especializado de deportes de la Academia Central de Artes Nacionales de Nanjing (Nanjing guo li guoshu ti yu shi fan zhuan ke xue xiao)*, en el que se formaron instructores especializados no solo en *guoshu* sino también conocedores de deportes como baloncesto, fútbol, bádminton, natación, balonmano, etc. Durante el mismo año, el propio Zhang lideró un viaje promocional del *guoshu* que recorrió las ciudades de Fuzhou, Zhangzhou, Xiamen, Hong Kong, Guanzhou, Nanning, Wuzhou, Liuzhou y Guilin. La academia organizó sucursales en dichas ciudades y también influyó para instituir el *guoshu* como contenido obligatorio dentro del programa de educación física de las escuelas de la nación.

En 1936, la noticia de que la academia participaría en los Juegos Olímpicos que iban a celebrarse ese mismo año en Berlín despertó un gran interés en los círculos marciales de la época, hasta el extremo de que un gran número de artistas marciales solicitaron poder formar parte de este equipo. Para su conformación, la academia organizó un proceso de selección del que resultaron elegidos seis hombres y tres mujeres, que acudieron en junio a Berlín junto con el resto de la expedición china. Aunque en el terreno de las competiciones oficiales la representación china no obtuvo buenos resultados, las demostraciones realizadas por el equipo de *guoshu*, el cual representó al país en el evento de demostración de practicas gimnasticas nacionales, preparado por algunos de los países participantes en los Juegos, fueron muy elogiadas por los oficiales olímpicos. Según señaló en informe oficial de los Juegos Olímpicos de Berlín,

> Los ejercicios gimnásticos del equipo chino introdujeron a los espectadores en un mundo totalmente diferente. La demostración del «Boxeo Chino» del 11 de agosto en el teatro al aire libre Dietrich Eckart mostró que los ejercicios gimnásticos chinos están basados en antiguas concepciones chinas sobre el Universo. Los ejercicios individuales tienen el propósito de dar al cuerpo el más alto grado de flexibilidad y elasticidad, teniendo en cuenta la autodefensa. En los ejercicios por parejas, que deben desarrollarse con gran velocidad, los chinos exhibieron una sorprendente insensibilidad ante los fuertes y duros puñetazos. Los ejercicios con la espada, lanza y pica fueron notables. Se hizo pasar a estas armas cerca del cuerpo, en una peligrosa proximidad. Esto fue enervante para los espectadores, pero probó el coraje y la audacia que enseñan estos ejercicios.

La delegación de *guoshu* también realizó exhibiciones en las ciudades de Hamburgo, Berlín, Frankfurt y Múnich. En una entrevista realizada a Fu Shu Yun –una de las integrantes de la delegación–, por el escritor ingles Allan Ellerton, esta recordaba que el equipo de *guoshu* presentó diversas rutinas a mano vacía, espada

Equipo olímpico femenino de *guoshu* (1936).
Fu Shu Yun (a la derecha), Liu Yuhua y Zhai Lianyuan.

doble, *bagua zhang* y *taiji quan*. La propia Fu Shu Yun, que presentó una de las demostraciones de *taiji quan*, impresionó de tal manera a Adolf Hitler que invitó al equipo a hablar con él en privado. De acuerdo con Fu, Hitler expresó su admiración por el *taiji quan*, calificándolo como «una práctica ideal», lo cual no dejaba de ser un elogio a pesar de venir de tan funesto personaje.

Con todo, el tremendo esfuerzo de planificación, selección de profesores y alumnos, realización de exhibiciones, apertura de sucursales, investigación, publicación de manuales y revistas de *guoshu*, etc. desarrollado por Zhang Zhijiang y sus colaboradores para la difusión del *guoshu* solo puede calificarse como relativamente exitoso, ya que únicamente alcanzó a aquellas provincias dominadas por el Kuomintang, fundamentalmente en el centro y el sur del país (en el contexto de la Guerra Civil, cada una de las facciones controló diversas zonas, y por tanto la influencia de cada una de ellas fue muy dispar en el conjunto del territorio chino).

En julio de 1937 comienza como vimos la Segunda Guerra Chino-Japonesa. Un mes más tarde la aviación japonesa bombardeaba Nanjing, sede de la academia. La situación se tornó cada vez más difícil, teniendo que cambiar su ubicación primero a Changsha (provincia de Hunan) y sucesivamente a otros emplazamientos, entre ellos Kunming (provincia de Yunnan), Chongqing (provincia de Sichuan), hasta ubicarse definitivamente en Tianjin en 1945, tras el final de la Segunda Guerra Mundial. También se redujo el número de instructores, y las finanzas alcanzaron niveles críticos por falta de apoyo ministerial. A pesar de ello, la academia siguió funcionando gracias al empeño de Zhang y su equipo y la colaboración de numerosas personas, desde antiguos alumnos a personalidades que ostentaban importantes puestos políticos. En estos difíciles momentos, la academia se vio forzada a privatizarse. En 1946, el ministro de Educación Zhu Jiahua visitó Tianjin y descubrió que la academia no era una institución pública, por lo que se comprometió a ayudar con unos fondos que nunca llegaron. Como punto final, en 1948, justo cuando se estaba organizando una recolecta de fondos para reabrir la academia en Nanjing, la revolución comunista china llegó a la ciudad, lo que provocó la cancelación de los planes y la definitiva clausura de la academia. Mao Tse Tung (1893 - 1976), el líder de la recién creada República Popular China desde su implantación en 1949, elogió a Zhang Zhijiang por sus contribuciones y servicios a la nación, hasta el punto de tratar de entrevistarse con este último en 1955, aunque el encuentro no llegó a producirse. En 1957, Zhang Zhijiang fue invitado a dar un discurso en una reunión política, en la que animó a que no se descuidara ni la práctica ni la investigación del *guoshu*. Aún apasionado por este tema a sus 76 años, ofreció su ayuda para preservar y difundir la práctica de las artes marciales chinas a las nuevas generaciones.

Selección y formación
de expertos de *Guoshu*

En opinión del profesor Ma Mingda, sería bueno que la práctica marcial en la China actual fuese similar a la practicada en el Periodo Republicano. Una de las principales diferencias que advierte este experto respecto a la práctica actual del kung-fu es que en la academia se buscaba la aplicación práctica y no la exhibición. La meta de la academia fue enfatizar la habilidad combativa de sus alumnos e instructores a través de exámenes, en los que los candidatos debían enfrentarse entre ellos. Esta filosofía aseguraba que los alumnos conocían las aplicaciones prácticas de las rutinas, que es un elemento fundamental si no se quiere que la práctica del kung-fu quede vacía y reducida al componente estético.

El objetivo de la academia era llegar a organizar exámenes cada año, que estarían basados en el modelo de exámenes militares de las dinastías Ming y Qing. Los exámenes tenían tres niveles y fechas, local *(xian kao)* en diciembre, provincial *(sheng shi kao)* en abril, y nacional *(guo kao)* en octubre. Aquellos candidatos que superasen el nivel local recibirían el titulo de héroe *(zhuan shi),* a nivel provincial el título de guerrero *(wu shi),* y finalmente los ganadores del examen nacional recibirían el titulo de oficial militar *(xiao wei).* Los mejores exponentes (esto es, los campeones) serían los que posteriormente tendrían la responsabilidad de la enseñanza y difusión del *guoshu* por toda China.

El proceso se dividía en dos áreas principales que el candidato debía superar. En primer lugar, los estudios académicos *(xue ke),* incluyendo el estudio de los *Tres principios de la gente* de Sun Yat Sen, chino escrito, matemáticas, geografía, historia del *guoshu,* fisiología, higiene, etc. Si el candidato pasaba tres de los cinco temas teóricos que se le proponían en este pre-examen, entonces accedía a la prueba final, basada en la técnica/práctica *(shu ke),* incluyendo habilidades en *shuai jiao, sanshou* y armas. Los combates se organizaban en cinco categorías de peso: ligeros (menos de 60 kg), semimedios (60 - 67 kg), medios (67 - 75 kg), semipesados (75 - 82,5 kg) y pesados (más de 82,5 kg). Todo esto, idealmente, serviría para formar excelentes instructores y también personas buenas, trabajadoras y bien formadas.

Una vez en la academia, el currículo estaba dividido en diversas secciones. La práctica con compañero *(dui kang)* incluía *shuai jiao, sanshou,* boxeo occidental *(quan ji),* armas largas *(chang bin),* armas cortas *(duan bin), ci qiang,* etc. La práctica de *shuai jiao* y *san-shou* era obligatoria. La práctica individual *(dan lien)* incluía los estilos *xingyi quan, taiji quan, bagua zhang* como estilos obligatorios, pudiendo añadirse de manera optativa otros estilos como pie penetrante *(cuo jiao),* boxeo mantis *(tang lang quan), tong bei quan, pi gua quan, baji quan, cha quan, tan tui, bagua zhang,* etc. La práctica individual con armas incluía sable *(dao),* espada *(jian),* lanza *(qiang),* bastón *(gun)...*

DIFUSIÓN DEL KUNG-FU EN EL EJÉRCITO

Antes del Periodo Republicano ya existían manuales de entrenamiento para el ejército y la policía china. Uno de ellos, titulado *Curso moderno de técnicas de artes marciales chinas* (*Zhong hua xin wu shu,* 1901), fue editado por el ya citado Ma Liang, contando con la colaboración de otros artistas marciales. Este libro incluyó técnicas de lucha autóctonas entre las cuales se encontraban el boxeo chino, lucha china, lucha con bastón largo y espada. En 1917, el Departamento de Educación de la República utilizó el libro de Ma como parte del currículo de las unidades de policía. Lógicamente, el entrenamiento de las fuerzas policiales era diferente al del ejército, ya que las técnicas utilizadas para el trabajo policial debían excluir aquellas ideadas con el objetivo de matar o lastimar seriamente a los sospechosos.

La preparación de los soldados, por el contrario, debía comprender técnicas más agresivas, e incluso letales. En diciembre de 1929, el gobierno central anunciaba las actividades que las unidades militares debían incluir en su preparación. Entre las mismas figuraban el *guoshu* y técnicas de apuñalar y cortar (*pici,* un conjunto de técnicas básicas para la pelea con daga, rifle-bayoneta y sable), además de juegos de pelota, y pruebas de pista y campo orientados al desarrollo de la condición física y de las capacidades volitivas.

En 1933, el ejército de la provincia de Fujian organizó una competición deportiva para sus tropas. Las pruebas fueron boxeo chino, sable cortante *(pi dao)* y lucha con rifle-bayoneta *(ci qiang).* En *Estudio de la espada corta y técnicas de cortar (Duan dao shu ji ying yong pi ci shu zhi yan jiu),* libro de autor desconocido publicado en los años 30 del siglo pasado, se ilustran técnicas con daga, sable y bayoneta dirigidas contra un enemigo que está armado con rifle-bayoneta o con un sable japonés. Este libro también incluye técnicas para enfrentarse ante un enemigo armado ante la eventualidad de que el soldado chino perdiera su arma, enfatizando en este caso el aproximarse al mismo para neutralizar su ventaja. Todo esto muestra la influencia de las propuestas japonesas en la conformación del nuevo entrenamiento marcial del ejército chino, aunque dichas propuestas nunca alcanzaron el ámbito técnico, que era totalmente autóctono.

Un año más tarde, las provincias de Hunan y Jiangxi organizaron competiciones similares para sus tropas con el objetivo de promover y mejorar las habi-

Soldados de infantería chinos entrenando en el uso de la pelea con rifle-bayoneta *(ci qiang)*. Las protecciones que llevan los soldados eran copia de la que utilizaba el ejército japonés, y tenían por objeto permitir una práctica realista a la vez que aseguraban la integridad física del practicante.

lidades militares de sus soldados. La competición de sable cortante (similar a las competiciones de kendo o esgrima japonesa actuales) se convirtió en una de las pruebas más comunes. Estas competiciones de sable cortante también fueron practicadas en las milicias femeninas, con el mismo objetivo de prepararse para la lucha contra el invasor japonés. Paralelamente, comenzó a practicarse la rutina del puño militar *(da jun quan)*, concebida para preparar a los soldados para la lucha sin armas. El análisis de las fuentes no deja claro si esta era una rutina específica o si se refería a cualquier rutina diseñada para entrenar a una unidad militar, debido a que en este periodo existía una gran variedad de métodos de entrenamiento.

En la ya citada Academia Militar Huang Pu de Nanjing, donde se preparaba a los oficiales e instructores del ejército chino, se enseñó *xingyi quan*. Debido a las limitaciones de tiempo, el entrenamiento debía ser breve pero efectivo; así, este entrenamiento tenía una duración de entre uno y dos meses, en los cuales se estudiaban los cinco elementos *(wu xing)* –*pi quan*, o cortar con el puño; *zuan quan,* o derrumbar con el puño; *beng quan,* o perforar con el puño; *pao quan,* o puño de cañón; y *heng quan,* o cruzar horizontalmente el puño–, para seguir con la rutina que los combina *(lian huan),* práctica de dos personas *(dui kang),* aplicaciones de combate y finalmente combate libre con contacto total. El *xingyi quan* militar enfatizaba acercarse al oponente y no retroceder.

El soldado chino aprendía a atacar de manera agresiva y a acortar la distancia con el enemigo, concepto que era muy importante ante un contrario armado con un rifle-bayoneta, ya que una mayor distancia favorecería al soldado con armas. Los oficiales también estudiaron las estrategias militares de Sun Tzu y su *Arte de la guerra (Bing fa),* aplicándolas en la lucha cuerpo a cuerpo, y aprendieron a aplicar los cinco elementos o «puños» usando la daga, el rifle-bayoneta (adaptando las técnicas de lanza del *xingyi quan*) y el sable occidental. El instructor de *xingyi quan* de la academia militar fue Huang Bo Nian, autor del libro *Instrucción de xing yi a mano vacía y con armas* (*Xing yi quan xie jiao fan,* 1928), que es la primera obra china de su clase que adapta un arte marcial tradicional al escenario de la guerra moderna. Otro instructor de la academia militar fue Yang Songshan; ambos, Huang y Yang, también fueron instructores en la Academia Central de Artes Nacionales.

Durante este periodo se publicaron muchos manuales de entrenamiento, no solo por parte de la academia sino también por diversos artistas marciales independientes o afiliados a otras organizaciones, lo que permitió la difusión de *guoshu* en la nación. Yin Yuzhang, hijo del famoso experto en *bagua zhang* Yin Fu (1840–1909), publicó el libro *Manual práctico del cuchillo largo* (*Kan dao shu lian xi fa,* 1933), incluyendo dos rutinas cortas usando el *da dao.* Citando a

Yin Yuzhang, los escritores estadounidenses Brian Kennedy y Elizabeth Guo señalan:

> El sable cortante fue llamado «cuchillo largo de los batallones de infantería» en la dinastía Qing. Ha sido utilizado por el ejército desde hace mucho tiempo. En la reciente Guerra Chino-Japonesa [se supone que Yin se refiere a la primera guerra entre Japón y China, entre 1894 y 1895] nuestro ejército utilizó estas técnicas [de cuchillo largo] y estas armas para infligir daño al enemigo. Las unidades de cuchillos largos fueron bien conocidas. El sable cortante es fácil de aprender y practicar. Es simple y práctico, sin movimientos «floridos». Enfatiza cortar y acuchillar [...]. Yin enfatiza la mortal efectividad de los sables a dos manos en la lucha cuerpo a cuerpo cuando se compara con las espadas a una mano. «Apuñalar a distancia con la espada; cortar a corta distancia con el sable».

Una rutina, diseñada para entrenar a los equipos de ataque móviles *(yu ji dui),* fue *Boxeo de pasos continuos (Lian bu quan),* que se enseñó en Baoding (provincia de Hebei) y en Changsha (provincia de Hunan). Esta rutina también se enseñó en la Academia Central de Artes Nacionales con algunas modificaciones. Los equipos de ataque móviles tenían tareas específicas detrás de las líneas enemigas, que consistían en el hostigamiento y el asesinato de oficiales, entre otras. Estas unidades estaban formadas por comandos, guerrillas y milicias tanto masculinas como femeninas. El experto canadiense de artes marciales militares del Periodo Republicano Dennis Rovere comenta que el *xingyi quan* y el *lian bu quan* se caracterizan por su «teoría uniforme» de entrenamiento, que consiste en imitar los instintos naturales de pelea, lo que permitía que se aprendiese y utilizase con facilidad en la crudeza del campo de batalla. Otras rutinas que también se usaron en el ejército fueron piernas resorte *(tan tui)* y puño primario *(chu ji quan),* entre otras. Sin importar el tipo de rutina, todas ellas tenían como objetivo enseñar al soldado cómo pelear, una filosofía diferente a la que se observa en la actualidad donde muchos sistemas, como hemos señalado, enseñan rutinas sin transmitir sus aplicaciones combativas.

Una de las características técnicas de los sistemas como el *lian bu quan* es que las posturas deben ser naturales, sin extenderlas de manera exagerada, lo cual no permitiría al soldado moverse con naturalidad. Del mismo modo, las patadas altas, los saltos y otras maniobras similares tampoco se consideraban prácticas debido al riesgo de caerse y a la posible inestabilidad o no uniformidad del terreno de batalla. Estos sistemas incluían golpes con las manos *(da),* patadas *(ti),* proyecciones *(shuai)* y control de articulaciones *(na),* los cuales debían fluir de manera espontánea. Dentro de las proyecciones, primaban aquellas que no necesitan cargar previamente al adversario, como derribos *(kao die),* y los barridos *(sao),* que requerían un esfuerzo mínimo, explotando la debilidad estructural del oponente.

Como señala Dennis Rovere, un aspecto importante que se ha de considerar dentro de todo este movimiento de promoción de las artes marciales tradicionales chinas en el ejército es que, además de sus connotaciones físicas, tuvo unas notables connotaciones en el ámbito espiritual. En el enfrentamiento entre China y Japón los japoneses, además de tener un ejército moderno y bien armado, estaban inspirados por el espíritu del *bushido* (código de conducta del samurái). China, por su parte, se adhirió al concepto de Confucio de *«espíritu de benevolente rectitud» (jen i chih tao),* o, sencillamente, al concepto de hombre recto o héroe, considerando este concepto como superior al del bushido. El auge que tuvo el bushido en Japón inspiró a que muchos artistas marciales chinos fundaran clubes y asociaciones para contrarrestar esta influencia. Entre estos estuvieron Ma Yingtu (1898 - 1956), Li Shuwen (1864 - 1934), Li Cunyi (1847 - 1921) y Li Reidung, quienes fundaron el Club de Artistas Marciales *(Zhonhua Wushi Hui)* en 1911, entre otras organizaciones que se inauguraron en este periodo.

7

El kung-fu en la República Popular China y en Taiwán

El 15 de agosto de 1945 el emperador japonés Hirohito, a bordo del acorazado estadounidense *USS Missouri*, firmó la capitulación oficial de Japón en la Segunda Guerra Mundial. Pocas semanas después las tropas japonesas que ocupaban China seguían idéntico camino, poniendo punto y final a la Segunda Guerra Chino-Japonesa. La ausencia de un enemigo exterior, que había dejado en pausa la Guerra Civil china (1927 - 1950), pronto volvió a desatar la lucha fratricida entre el Kuomintang y el Partido Comunista por el control del país. El 1 de octubre de 1949, Mao Tse Tung proclamó en Pekín la República Popular China, mientras aproximadamente dos millones de chinos simpatizantes del Kuomintang se retiraban a la isla de Taiwán, donde mantendrían su independencia respecto al sistema comunista del continente. En esta línea de transformaciones, la práctica del kung-fu también sufrió importantes cambios en su estructura y organización, dando paso a la creación del wushu moderno y a la práctica del sanda/sanshou (combate libre). Por su parte, la isla de Taiwán acogió entre los miembros del

Kuomintang a muchos artistas marciales que habían sido formados en la Academia Central de Artes Nacionales, y que impulsaron un desarrollo diferenciado del kung-fu.

EL NACIMIENTO DEL WUSHU MODERNO

En un artículo publicado en 1917 en el periódico *Nueva juventud (Hsin ching nein)* con el título «Estudio de la educación física» (*Tiyu zhi yonjiu*), el futuro líder comunista Mao Tse Tung enfatizaba los beneficios del ejercicio físico como elemento necesario para fortalecer la nación, criticando la poca valoración que había tenido en la sociedad china en comparación con los estudios académicos. Mao utilizó como ejemplo al propio Confucio, que como ya hemos visto consideraba el tiro con arco y el manejo de carros de guerra como prácticas necesarias para llegar a ser un «hombre ejemplar» *(junzi)*. A pesar de citar este y otros ejemplos de la historia de la antigua China, Mao también hacía referencia a casos más recientes como la educación física alemana o el judo japonés –por el que el líder comunista expresaba su admiración–, que en su opinión habían realizado una gran contribución al fortalecimiento de ambas naciones. Puesto que las cualidades humanas como la moralidad y el intelecto, señalaba Mao, están contenidas en un cuerpo físico, era absolutamente necesario fortalecer el cuerpo ya desde la más tierna infancia.

Otra de las opiniones de Mao sostenía que para lograr el fortalecimiento corporal existían muchos métodos, y que esta diversidad no era positiva por cuanto solo lograba «perturbar los huesos y los músculos». Por ello proponía la simplificación de estos métodos, declaración que afectaba directamente a los numerosos estilos de kung-fu existentes en

China. Aunque no existan evidencias directas de relación causa-efecto, la declaración de Mao posiblemente sirviese como sustrato ideológico impulsor del desarrollo del wushu moderno, una evolución del kung-fu en la que los diferentes estilos fueron simplificados a una serie de rutinas obligatorias carentes de su original sentido práctico. Como señala el escritor y artista marcial estadounidense David A. Ross, la agenda política del Partido Comunista eliminó la práctica del combate libre, no solo porque estas habilidades de autodefensa no eran necesarias en el nuevo orden establecido, sino también porque «camaradas no deberían pelear con camaradas». Del mismo modo, el régimen comunista eliminó la relación tradicional que existía entre estudiantes, discípulos (esto es, los estudiantes más expertos y veteranos) y el maestro de artes marciales *(shifu)*, ya que esta fue vista por el régimen como un elemento feudal y reaccionario; en su lugar, esta relación fue reemplazada por la más moderna relación entrenador-atleta.

La evolución del wushu moderno comenzó pronto tras el establecimiento de la Republica Popular China en 1949, y así, a partir de 1951, comenzaron a impulsarse diversas reuniones para discutir cómo organizar y regular la práctica del nuevo kung-fu. No obstante, en estos primeros años aún eran populares las competiciones de deportes tradicionales. Como ejemplo, la *Exhibición y juegos nativos nacionales (Guanguo minzu xingshi tiyu biaoyan ji jingsai dahui),* celebrada en 1953 en la ciudad de Tianjin, atrajo a unos cuatrocientos participantes de diez grupos étnicos diferentes para competir en aproximadamente cuatrocientos concursos entre los que figuraban exhibiciones individuales de artes marciales. Otras ciudades organizaron eventos similares, pero este interés hacia los juegos y deportes tradicionales duró únicamente unos pocos años.

En 1957, el Departamento Nacional de Deportes (DND, *Guojia Ti Wei*) organizó una trascendente reunión en la que se definió el objetivo del nuevo wushu. Para diferenciarlo de la práctica netamente marcial, los objetivos del wushu pasaban a ser la educación física y la competición no combativa —es decir, sin enfrentamientos directos en forma de combates—, centrándose para ello en la creación de rutinas estandarizadas. En 1958 se organizaron en Pekín los Juegos Nacionales de Wushu, y un año más tarde se aprobaron las reglas de competición en las que se establecían los sistemas de puntuación de las rutinas, los límites de tiempo para su exhibición, los movimientos requeridos, etc. Un aspecto importante que cabe destacar es que estas normas comenzaron a dar más importancia en las puntuaciones a aquellos movimientos con elevado nivel de dificultad *(nandu),* en lugar de a aquellos movimientos más relacionados con aplicaciones prácticas de combate. Aunque la traducción literal del término *wushu,* como ya hemos señalado, es «arte marcial», hay autores que han jugado con dos caracteres chinos que tienen la misma pronunciación «wu» (pero diferente grafía) para transformar «arte marcial» en «arte de danza», y de este modo criticar que el wushu moderno es una mera exhibición cuyo carácter es similar al de deportes como la gimnasia deportiva, obviando el componente más importante de estas técnicas que es la eficacia marcial. De hecho, como explica el profesor Ma Mingda, en la práctica del wushu moderno se califica la altura *(gao),* la dificultad *(nan),* la originalidad *(xing)* y la belleza *(mei)* de los movimientos ejecutados, todos ellos elementos que remiten a un ámbito estético y no utilitario.

Con todo, el wushu moderno siguió desarrollándose y masificándose, fundamentalmente gracias a los cambios que permitieron eliminar, hasta cierto punto, las barreras de desconfianza que habían existido en las prácticas tradicionales, donde el secretismo era algo común. En 1974 una delegación de wushu visitó diversas ciudades fuera de China, como Ciudad de México, Hawai, San Francisco y Nueva York entre otras, demostrando sus habilidades frente al presidente estadounidense Richard Nixon. En este grupo estaba el ahora famoso actor Jet Li —del que hablaremos en el siguiente capítulo—, que entonces solo tenía once años. Otra línea de evolución del wushu, derivada de la investigación sobre los diferentes métodos y movimientos que añadir en su práctica, consistió en la inclusión de técnicas de ataque y defensa *(wushu gong fang)*, obviamente con el objetivo de revertir, al menos en parte, la tendencia acrobática anterior que había puesto en grave peligro la herencia y naturaleza de las artes marciales chinas.

En contraste con el creciente desarrollo del wushu, las artes marciales tradicionales no corrieron la misma suerte. El estallido de la Revolución Cultural en 1966 puso en el punto de mira a todos aquellos contrarios al espíritu revolucionario; los cargos del partido contrarios a Mao, burgueses, procapitalistas, intelectuales, etc. fueron silenciados y condenados al ostracismo, en ocasiones con extrema violencia. No corrieron mejor suerte los elementos culturales considerados tradicionales. Los «viejos hábitos del pasado» fueron condenados, perseguidos, y en el caso de elementos materiales incluso destruidos. Obviamente, las consecuencias para el kung-fu tradicional fueron nefastas, tanto por la persecución de intelectuales y de artistas marciales como por la destrucción de libros y de otros instrumentos tradicionales ligados a la cultura marcial. A pesar de esta persecución, muchos estilos tradicionales de kung-fu lograron sobrevivir, particularmente en áreas aisladas donde la influencia de la Revolución Cultural no se dejó sentir con tanta intensidad.

El 3 de octubre de 1990 se creaba en Pekín la Federación Internacional de Wushu (FIWU, *Guo ji wushu lian he hui*), cuyo objetivo fundamental sería la promoción y regulación de todas las manifestaciones del wushu a nivel mundial. En septiembre de 2009, la FIWU ya contaba con 122 países miembros y había organizado desde 1991, con carácter bienal, nueve ediciones de los Campeonatos Mundiales de Wushu, además de otras competiciones internacionales. Durante los primeros campeonatos mundiales, celebrados en Pekín, se realizaron competiciones masculinas de *sanshou* en nueve categorías de peso y competiciones masculinas y femeninas de *taolu* (rutinas o movimientos preestablecidos) en los estilos de puño largo *(chang quan)*, puño del sur *(nan quan), taiji quan*, sable *(dao shu)*, espada recta *(jian shu)*, lanza *(qiang shu)* y bastón largo *(gun shu)*, además de diversos eventos de exhibición. Desde 2007, los eventos oficiales de wushu en los campeonatos mundiales incluyen *sanshou* masculino y femenino (en once y siete categorías de peso respectivamente), y *taolu* masculino y femenino en once disciplinas, añadiendo a las anteriormente citadas la espada taiji *(taiji jian)*, el sable del sur *(nan dao)*, el bastón del sur *(nan gun)* y la competición por parejas. Ha de aclararse que las rutinas no responden a estilos tradicionales, sino que incluyen una mezcla de diferentes estilos modernizados. Dentro de los eventos no oficiales figuran otros estilos como *bagua zhang, baji quan, cha quan, pigua zhang, chuo jiao, tan tui*, etc., que también se han visto progresivamente afectados por el wushu moderno en el sentido de incluir movimientos vistosos en su práctica. También es importante señalar que, a pesar de que la FIWU viene realizando competiciones de *sanshou*, el wushu moderno se identifica específicamente con la práctica de rutinas o *taolu*, y tiene, como hemos señalado, un carácter netamente estético. El *sanshou*, por su parte, es un deporte independiente que no está ligado específicamente a un estilo tradicional, ni tampoco tiene una relación directa con la práctica del wushu.

Deportista de wushu demostrando sus habilidades
acrobáticas en el torneo brasileño de kung-fu 2009,
en Brasilia. Cabe señalar que las armas utilizadas en wushu
son extremadamente livianas y flexibles, lo que permite
manejarlas con gran rapidez.

Como una de sus grandes aspiraciones, la FIWU
trabajó intensamente, aunque sin éxito, para incluir el
wushu como deporte olímpico en los Juegos Olímpicos
celebrados en 2008 en Pekín. Como principal elemento
de crítica, el Comité Olímpico Internacional aludió a la
dificultad de determinar los estándares de ejecución
que permitiesen lograr una justa calificación de los
participantes. Esta «fiebre olímpica» y la propia práctica del wushu moderno ha sido criticada por eruditos
como Ma Mingda, quien reitera la simplificación a la
que se está sometiendo a las artes marciales tradicionales y su consecuente pérdida de contenidos e identidad.
Otro de los cambios importantes de la nueva
estructuración de *wushu* se refiere al ámbito de la
progresión del practicante. En los estilos tradicionales
no existían sistemas de clasificación de los participantes similares a los conocidos cinturones de color
(sistema *kyu-dan*) de disciplinas como el judo o el
kárate. En el *wushu* moderno, desde 1997 comenzó a
aplicarse el sistema *duan*, cuyo objetivo es evaluar y
clasificar la habilidad de los practicantes de *wushu* de

modo similar a otras artes marciales. El sistema requiere que el aspirante escoja, dependiendo del grado a que se aspire (1º a 10º duan), diversas rutinas que demuestren su habilidad con y sin armas, o escoger pruebas frente a un oponente *(dui kang)*.

A pesar de toda esta evolución, el kung-fu se enfrenta a importantes problemas derivados de la creciente inmersión de China en el mundo globalizado. Li Baoru, un experto de lucha china *(shuai jiao)*, comenta que aquellos estudiantes que demuestran habilidad en esta disciplina son reclutados como aspirantes para conformar los equipos olímpicos de deportes como el judo o la lucha libre, abandonando la práctica del *shuai jiao*. Como nota anecdótica, el propio Li Baoru trabajó como entrenador asistente para el equipo femenino olímpico de judo en 2008, el cual obtendría unos excelentes resultados al ganar tres medallas de oro en las categorías de -52kg, -78kg y +78kg. Esta realidad ha llevado a que artes marciales tradicionales como las ya citadas, o juegos tradicionales como las carreras de botes del dragón *(jingdu)*, el juego del gallito *(jianzi)*, o caminar con zancos *(caigaoqiao)*, entre otros, se vean en riesgo de desaparición por la presión de los deportes occidentales. Conscientes de este peligro, un grupo de eruditos y artistas marciales crearon en 2008 la Asociación Internacional de Guoshu *(Zhong Hua Guoshu Zong Hui)*, celebrando en julio del 2009 la primera Competición Mundial de Guoshu *(Shi jie zhong hua guoshu da sai)* en Hong Kong. En esta competición se incluyeron deportes tradicionales como el juego del gallito, lucha china, competiciones de combates con y sin armas, tiro de balines..., con el objetivo de promocionar y preservar las prácticas tradicionales chinas.

Practicantes de *shuai jiao* demostrando técnicas de proyección en un parque de la ciudad de Pekín. Como puede apreciarse los contendientes visten gruesas chaquetas, lo que les permite realizar los fuertes agarres propios de esta modalidad de lucha china.

SANSHOU VERSUS *SANDA*

A pesar de que actualmente los términos *sanda* («combate libre») y *sanshou* («manos libres») suelen utilizarse de forma intercambiable, por lo general *sanshou* designa competiciones a nivel aficionado, mientras que *sanda* se refiere a las competiciones a nivel profesional; como ejemplo, una de las competiciones profesionales más populares en Asia hoy en día es la denominada Rey del Sanda *(Sanda Wang)*.

Históricamente, el término *sanda* no se empleó para referirse al combate libre hasta después del advenimiento de la República Popular China (1949 - actualidad), mientras que, como señala Ma Mingda, el término que se empleó en las competiciones de combate libre durante el Periodo Republicano (1912 - 1949) fue *sanshou*. El profesor Ma detalla asimismo que los caracteres que describen el *sanshou* pueden tener sus raíces en los caracteres *san she* («disparo libre»), utilizados durante la dinastía Han (206 a. C. - 220 d. C.) en relación a las técnicas de disparo con arco y flecha. Este concepto habría evolucionado hasta el actual término *sanshou*, que fue el elegido por los miembros de la Academia Central de Artes Nacionales para designar los eventos de combate a mano vacía.

Incluso después del ascenso al poder del Partido Comunista, el sanshou continuó siendo parte de la práctica del kung-fu tradicional, tanto en el ámbito miliar como el ámbito civil. Sin embargo, el *sanshou* moderno evolucionó de manera diferente, como explicaremos más adelante. Según el experto chino de *sanshou* militar Mizhou Hui, durante el conflicto en la frontera chino-soviética en la isla Shenbao (ubicada en el río Ussury, en la frontera norte de China), entre 1968 y 1969, las fuerzas fronterizas chinas se vieron envueltas en peleas callejeras con sus homólogas rusas, perdiendo en los enfrentamientos debido en parte al mayor tamaño y fuerza física de los soviéticos. Por esta razón el ejército chino envió al Batallón 49 de sus fuerzas especiales, cuyos miembros eran físicamente más grandes. Durante estos enfrentamientos, y para evitar una escalada de violencia que pudiera traer graves consecuencias, las tropas comenzaron peleando a mano vacía y con bastones cortos. Los chinos seguían las técnicas que formaban parte de un manual de entrenamiento militar publicado en 1963, pero a raíz de estos enfrentamientos dichas técnicas fueron modificadas para incluir técnicas de boxeo occidental, que se había mostrado muy efectivo en los combates cuerpo a cuerpo. El 1972 se publicó otro manual similar de entrenamiento militar en el que se incluyeron diversas innovaciones ideadas para contrarrestar la posible ventaja física del enemigo. Estas innovaciones estaban basadas en las experiencias adquiridas durante los conflictos de Corea (1950 - 1953) y Vietnam (1959 - 1975). A modo de ejemplo, uno de los cambios que se plasmaron en el manual fue la modificación de la postura de combate para el cuerpo a cuerpo; en un principio las tropas chinas utilizaban la mano adelantada como escudo, manteniendo la mano retrasada a la altura de la ingle. La nueva propuesta consistía en una postura similar a la utilizada en el boxeo occidental, con las dos manos protegiendo el rostro, mientras los codos protegen el torso.

En general, la práctica del sanshou militar comienza con el estudio de rutinas básicas y progresa hasta la práctica de técnicas de combate y el combate libre. Estas técnicas incluyen el uso de armas como el rifle-bayoneta, la daga, el bastón corto, y técnicas de combate sin armas como patadas, puñetazos, golpes de codo, rodilla y proyecciones. Por su parte, el *sanshou* civil, cuyas raíces parecen basarse en su equivalente militar, excluye el entrenamiento con armas y el aprendizaje de aquellas técnicas calificadas como letales.

Por lo que refiere al *sanshou* moderno, en el otoño de 1978 el Departamento Nacional de Deportes (DND) publicaba tres volúmenes con información para la práctica del *wushu*. El tercer volumen, dedicado a las habilidades de ataque de combate libre *(sanda ji ji shu)*, es uno de los primeros documentos que emplea el término *sanda* en lugar de *sanshou*. Posteriormente, en marzo de 1979, el propio DND incluyó el *sanshou* como evento deportivo experimental, que se probó en competiciones en las ciudades de Nanjing, Taiyuen y Shenyan durante tres años consecutivos. La práctica del *sanda* deportivo fue impulsada por el Grupo Experimental de *Sanda (Sanda shi yan xiao zu)* a partir de 1980. Este grupo, perteneciente al Colegio de Deportes de Wuhan, elaboró las *Reglas para la competición de combate libre (Sanda jing sui gui ze)*, que fueron editadas en 1982 con el nombre de *Reglas para la competición de sanshou (Sanshou jing sui gui ze)*, revirtiendo una vez más los términos *sanda/sanshou* para describir la práctica de combate libre. Un año más tarde, el DND unificaba el material para la enseñanza del wushu y del sanshou, lo cual influyó en el empleo del término *sanshou* para referirse al combate libre y *sanda* como su sinónimo. En 1989, el DND adoptó el *sanshou* como deporte oficial y elaboró las *Reglas de competición de wushu sanshou (Wushu sanshou jin shi gui ze),* y este mismo año se organizó la primera Competición Nacional Leitai de Wushu Sanshou *(Quan guo wushu sanshou leitai sai).* Finalmente, en 1990 se fijaron los estándares de habilidades requeridas para la práctica de las rutinas o *taolu* y del sanshou, integrándose ambos eventos como parte de dicha competición.

Actualmente, la práctica del *sanshou* deportivo incluye técnicas de boxeo occidental, patadas y técnicas de lucha *(shuai).* Los atletas combaten sobre una plataforma elevada *(leitai)* recubierta con colchonetas, vistiendo en la mayoría de las competiciones oficiales pantalones cortos, camiseta y protector de pecho de color negro o rojo, espinilleras, guantes de boxeo y protecciones bucales y para la cabeza. Al igual que sucede con el *wushu,* el *sanshou* moderno no escapa de las críticas de reconocidos investigadores de las artes marciales chinas como el ya citado Ma Mingda, quien señala que el énfasis en el combate hace que se pierdan otros elementos tradicionales del kung-fu como las rutinas o el manejo de armas.

COXINGA

La práctica marcial en Taiwán está, como no podía ser de otra manera, íntimamente relacionada con la práctica marcial china. La isla de Taiwán, situada a ciento ochenta kilómetros al este de las costas chinas, fue poblada hace unos cuatro mil años por tribus de etnia malaya-polinesia. Debido a que la isla carecía de importantes recursos naturales que pudieran ser explotados y a la fiera resistencia de estas tribus nativas, hasta finales de la dinastía Ming (1368 - 1644) China no emprendió un esfuerzo para colonizar su territorio.

La figura histórica más famosa en Taiwán es la de Zheng Chenggong (1624 - 1662), más conocido como Coxinga o Koxinga, y en japonés como Tei Seiko y Kokusenya. La historia de este personaje, narrada por el escritor e historiador británico Jonathan Clements, señala que el padre de Coxinga, Zheng Zhilong (1604 - 1661, también conocido como Nicolás Gaspar Iquan, nombre que recibió en Macao cuando tenía dieciocho años) fue un ambicioso joven amante del kung-fu que amasó una fortuna gracias al contrabando de artículos chinos con las islas de Japón y con los países europeos, en un momento histórico en el que el comercio entre China y otros estados había sido prohibido por la corte imperial.

En una de sus muchas travesías, Zheng Zhilong conoció a la dama japonesa Tagawa Matsu (1601 - 1646), de quien se dice que provenía de una familia samurái y con quien se casaría alrededor de 1623 para dar a luz, un año más tarde en Hirado (prefectura de Nagasaki, Japón), a Coxinga. En esos momentos Zheng había regresado a China, sin haber conocido aún a su hijo, para aceptar el perdón sobre sus ilícitas actividades de contrabando que le ofrecía el emperador a cambio de que Zheng y sus colaboradores eliminasen a los piratas de las costas chinas. Gracias a este acuerdo, Zheng se convirtió en una de las figuras más poderosas de su tiempo, comandando una flota de más de cuatrocientos juncos y sesenta mil guerreros. En 1628, Zheng recibió el rango de almirante y otros importantes títulos imperiales.

Es precisamente en esta época cuando, debido a un difícil periodo de sequías, enfermedades y ataques constantes de las tribus manchúes, muchos ciudadanos chinos comienzan a emigrar y establecerse en Taiwán gracias en parte a la asistencia de la flota de Zheng. En 1630, a la tierna edad de siete años, Coxinga fue enviado por su madre al sur de China, con su padre, que anhelaba que recibiese la educación de la que él careció en su niñez.

Los estudios de Coxinga incluyeron la práctica de las artes marciales, que ya había iniciado en Japón y continuaría en China bajo la tutela de su tío paterno Zheng Zhifeng. Gracias a las conexiones y a la fortuna de su padre, Coxinga comenzó a recibir una excelente formación académica, estudiando en profundidad los clásicos de Confucio y aprendió a utilizar la espada con extremada destreza. Para la protección de su hijo —como cualquier personaje de la época con el poder de Zheng, este tenía numerosos enemigos—, Zheng escogió a un selecto grupo de guerreros conocidos como la Guardia Negra, que eran esclavos africanos que habían ganado su libertad en 1622 durante la defensa de Macao frente a los holandeses. En 1639, Coxinga asistió a la Universidad de Nanjing, continuando sus estudios con el erudito y oficial civil Qian Qianyi, a la vez que seguía perfeccionando sus habilidades marciales durante su tiempo de ocio.

Los caóticos años que rodearon la caída de los Ming supusieron un punto de inflexión para Coxinga. En 1646, su padre desertó para unirse a los manchúes, lo que produjo el distanciamiento entre padre e hijo; y es que Coxinga, educado en la lealtad como valor confuciano fundamental, tomó una postura inflexible contra los invasores a pesar de los intentos de estos para reclutarlo, permaneciendo fiel a la dinastía Ming.

Con el propósito de organizar la resistencia frente a los Qing, y en ayuda del prófugo emperador Yongli (1646 - 1662), Coxinga regresó al sur desde Nanjing. Durante su ausencia, las tropas manchúes comenzaron su avance hacia las provincias del sur en 1646, hecho que hizo que Coxinga regresase para proteger a su madre, que en aquellos momentos residía en una fortaleza perteneciente al clan Zheng en Anping (actual provincia de

Hebei). A pesar de sus esfuerzos, la señora Tagawa perdió la vida durante esta campaña, aumentando aún más el odio de Coxinga hacia los invasores. En agosto de 1659 Coxinga atacó la ciudad de Zhejiang, que estaba bajo el dominio manchú; durante esta campaña utilizó más de setenta mil guerreros entre los cuales estaba un cuerpo de élite de cinco mil hombres conocidos como los Hombres de Hierro o Guerreros de los Dioses *(Shenbing)*. Esta fuerza estaba conformada por guerreros extremadamente fuertes, que vestían una armadura que los cubría completamente y cuyo espesor era mucho mayor que las armaduras normales de la época. Estas armaduras permitían a quienes las vestían ser inmunes a espadas, flechas y hasta existen citas que refieren que no podían ser atravesadas por las balas. Además, estos guerreros estaban armados con picas y sables que tenían una empuñadura tan larga como la mitad de la altura de un hombre adulto, lo que les permitían constituirse en fuerzas de choque hasta el extremo de poder enfrentarse directamente a la caballería manchú. Algunos historiadores como Jonathan Clements recogen citas que refieren que estas tropas estaban conformadas por mercenarios japoneses al mando de Coxinga.

Tras la toma de Zhejiang, en 1659 las fuerzas de Coxinga asediaron la ciudad de Nanjing. Sin embargo, esta campaña terminó en derrota, por lo que Coxinga debió ceder los territorios recuperados. Tras esta victoria los manchúes, siguiendo el consejo de un desertor Ming, cortaron cualquier comunicación entre la flota de Coxinga y sus colaboradores en el continente, construyendo para ello un muro y estableciendo una zona de exclusión de aproximadamente cincuenta kilómetros entre la costa y el interior en la que se prohibía residir y ayudar a los rebeldes, bajo pena de muerte. Esta acción causó un segundo éxodo de ciudadanos chinos a Taiwán, forzando a Coxinga a considerar la posibilidad de arrebatar la isla a los holandeses, quie-

Estatua gigante de Zheng Chenggong (1624–1662),
más conocido como Coxinga, en la costa de Xiamen, en el
sureste de la provincia de Fujian. Incluso hoy en día
Coxinga sigue siendo venerado, pues representa
el patriotismo y los más altos valores de la ética confuciana.

nes habían establecido un puerto comercial en 1624 con la ayuda de su padre.

En 1661, Coxinga comenzó una campaña para expulsar a los europeos de Taiwán, consiguiéndolo un año más tarde. No obstante, sus planes para lanzar desde la isla una campaña sobre China nunca llegaron a cumplirse ya que ese mismo año de 1662, cuando contaba tan solo treinta y siete años, Coxinga falleció víctima de la malaria. Ante la perdida de su líder, la resistencia leal a los Ming se resquebrajó, facilitando en 1683 la toma de la isla por los manchúes. Dos siglos más tarde, en 1895, tras la victoria japonesa en la Primera Guerra Chino-Japonesa (1894 - 1895), Japón pasó a controlar la isla hasta 1945. El siguiente cambio de poder, como ya hemos descrito, se produjo cuando las fuerzas republicanas chinas, que huían del continente tras la ascensión de Mao Tse Tung al poder, ocuparon Taiwán en 1949.

LAS FORMACIONES DE BATALLA DE SONG JIANG

En Taiwán aún perviven algunas tradiciones folclóricas *(su tiyu)* con una clara influencia marcial. Dentro de las mismas la más importante es la denominada «Formaciones de batalla de Song Jiang» *(Song Jiang zhen),* cuyo nombre proviene del personaje principal de la ya referida novela *Los bandidos del pantano (Shuihu zhuan),* Song Jiang. En esta novela, Song, apodado «Lluvia oportuna» *(Hu bao yi),* es el comandante de los ciento ocho bandidos del pantano, además de un erudito y un aficionado a las artes marciales. Esta tradición no se ha conservado en China, sino solo en el sur de Taiwán, donde incluso se organizan equipos de Song Jiang en las escuelas de educación primaria y se han comenzado a implementar programas similares en las escuelas del norte de la isla.

Con ello se pretende asegurar la conservación de esta tradición, que como muchas otras de tipo autóctono están en peligro de desaparición, en este caso por la influencia de los deportes occidentales.

Básicamente, las formaciones de batalla de Song Jiang consisten en grupos de personas de ambos sexos que portan armas y uniformes e imitan diversas disposiciones de combate, que supuestamente habrían adoptado los protagonistas de *Los bandidos del pantano*. La formación básica se compone de treinta y seis personas que representan el mismo número de personajes de la novela. Otras formaciones incluyen setenta y dos y hasta ciento ocho miembros; sin embargo, debido a la dificultad de organizar grupos tan numerosos de personas la de treinta y seis personas es la más popular. Las formaciones de batalla también pueden dividirse en grupos conformados exclusivamente de mujeres, hombres o niños.

En las formaciones de batalla cada miembro está armado con las mismas armas que se describen en la novela. Entre las mismas se encuentran el líder o bandera principal *(tao qi),* que representa a Song Jiang, Li Kui «ciclón negro», armado con hachas dobles *(shuang fu);* Guan Sheng «gran espada», armado con el sable curvo *(da dao);* Wu Song «el clérigo»; Yan Qing «el portento» y otros armados con el bastón qui mei *(qui mei gun);* Sun Er Niang «mujer Yaksha», armada con los sables dobles *(shuang dao);* miembros regulares armados con el sable *dazai (dazai dao),* otros miembros regulares armados con ganchos *(gou zai)...* Además de las armas, la formación también se acompaña con música de tambores, gongs y otros instrumentos. El programa de las demostraciones incluye, entre otras, una formación de avance *(qiang jin dui xin),* una representación de oración en un templo y la entrega de un obsequio *(bai miao ji jie li),* una formación circular *(da quan),* o demostraciones con armas *(bing qi biao yan)* y sin armas *(quanshu biao yan).*

Asimismo también se representan combates coreografiados *(dui da)* entre los participantes, incluyendo peleas de leones imperiales, que consisten en equipos de dos personas disfrazadas de león denominadas «Formaciones de leones de Song Jiang» *(Song Jiang shi zhen)*. Es posible que por presentar ciertas similitudes con la formación pato mandarín del general Qi Jiguang, estas formaciones, además de derivarse de las prácticas folclóricas que representan a los personajes de *Los bandidos del pantano*, también fueran influidas por las prácticas marciales establecidas por Qi en las poblaciones costeras del este de China, cuyos veteranos y sus descendientes sirvieron en las campañas de Coxinga.

EL KUNG-FU EN TAIWÁN

Desde finales de la dinastía Ming, las sucesivas olas de emigración de ciudadanos chinos a Taiwán posibilitaron la llegada de numerosos sistemas de kung-fu a la isla. Entre los mismos destacan aquellos identificados como «sistemas del sur», como son el *wing chun*, el boxeo de la grulla blanca *(bai he quan*, del cual existen diversas ramas), el boxeo alcanzando gran respeto *(da zhun quan)* o el boxeo del mono *(hou quan)*. Durante el medio siglo de ocupación japonesa de la isla, entre 1895 y 1945, se patrocinó la práctica de artes marciales japonesas como el judo, el kendo y el kárate, en detrimento del kung-fu y otros deportes tradicionales.

Tras el triunfo comunista en China, en 1949, se produjo un éxodo de artistas marciales de alto nivel relacionados con el anterior gobierno republicano, los cuales llevaron consigo las artes marciales enseñadas en la Academia Central de Artes Nacionales y en otros programas de fomento del kung-fu organizados durante el Periodo Republicano. Entre estos expertos

«Formación de batalla de Song Jiang» *(Song Jiang zhen),* durante el festival cultural Songjiang Baosheng, celebrado en el templo de Baoan, en Taipei, en 2006.

figura la ya citada Fu Shu Yun (nacida en 1915), integrante del equipo femenino de demostración de guoshu en los Juegos Olímpicos de 1936, que enseñó entre otros sistemas *xingyi quan*, *taiji quan* o *bagua zhang*. Wang Jyue Jen (1911 - 1990), otro estudiante de la Academia, enseñó *guoshu* en Taiwán y más adelante crearía su propio sistema, bautizándolo con el nombre de *tian shan pai* («escuela de la montaña celestial»). Este sistema fue introducido en Brasil en 1968 y dos años más tarde en Estados Unidos por el maestro Lin Shi Kuang (Willy Lin, nacido en 1938), asistente de Wang. El experto de *shuai jiao*, Chang Dongshen (1908 - 1986), quien no solo trabajó como instructor en la Academia sino que también estudió en la misma estilos como *taiji quan* y *xingyi quan*, enseñó *shuai jiao* en diferentes universidades, escuelas de policía y colegios taiwaneses, e igualmente viajó a Estados Unidos para difundir la práctica de la lucha china. Han Qingtang (1903 - 1976), experto en *chang quan*, *taiji quan*, *shuai jiao* y *qin na*, y finalista de la competición de *sanshou* celebrada en Zhejiang en 1929, también continuó la enseñanza de estos estilos en la isla.

Liu Yun Qiao (1909 - 1992), nacido en Cangzhou (provincia de Hebei), era experto en *baji quan*, *bagua zhang*, mantis religiosa de las seis armonías *(liuhe tanglang)*, manos cortantes *(pigua zhang)* y lanza gigante *(da qiang)*, entre otros estilos, y había servido en el ejército durante la Segunda Guerra Mundial con la misión de eliminar oficiales japoneses. En Taiwán, Liu entrenó, entre los muchos que se beneficiaron de sus enseñanzas, a los guardaespaldas del palacio presidencial. En 1978 Liu inició la publicación de *Wutan*, revista dedicada a las artes marciales, así como fundó el Centro de Desarrollo de Artes Marciales Wutan *(Wutan Guoshu Tuei Guang Zhong Xing)*, con el objetivo de preservar los diferentes estilos de artes marciales que había aprendido y propagar el resto de estilos practicados en la isla. Por último, y lamentando no poder incrementar esta lista en todo lo que se merece, citamos al famoso Zheng Manqing (1902 - 1975), un experto de *taiji quan* de quien se dice aprendió *taiji* con Yang Chengfu (1883 - 1936). Zheng, que creó una versión simplificada de treinta y siete movimientos del estilo aprendido con Yang, enseñó *taiji quan* no solo a ciudadanos orientales, sino también a occidentales entre los cuales destaca Robert W. Smith (1926 - actualidad), un famoso escritor estadounidense en el ámbito de las artes marciales a quien cabe agradecer haber publicado a mediados de la década de 1960 las primeras obras en lengua inglesa sobre la práctica del kungfu en Taiwán.

La práctica marcial en Taiwán ha tratado de preservar los estilos de kung-fu sin la inclusión de aquellos elementos que caracterizan el wushu moderno. Por esta razón las artes marciales taiwanesas han continuado utilizando el término *guoshu* para diferenciarlo de la práctica marcial en el continente. A pesar del esfuerzo de algunos miembros de la comunidad marcial, la falta de apoyo gubernamental, la concepción retrógrada de algunos artistas marciales, que consideran la práctica marcial como algo secreto, y la excesiva atención a la práctica de rutinas y coreografías ha causado que la calidad del kung-fu practicado en la isla haya disminuido. En 1978 se inauguraba la Federación Internacional de Guoshu de la República China *(Zhong hua guoshu guo ji lien meng zong hui),* rebautizada recientemente como Federación Internacional China de Guoshu Wushu (ICKF; *International Chinese Kuoshu Wushu Federation).* Esta federación cuenta actualmente con sesenta y cuatro miembros en la isla y en otros países y organiza competiciones locales e internacionales, seminarios de formación de jueces, así como exámenes para evaluar y determinar los escalafones para los instructores de kung-fu.

Combate de *guoshu*, en la que se aprecia cómo el luchador amarillo está a punto de sacar a su rival azul del *leitai*. Obsérvese también la máscara y los guantes que utilizan los contendientes como equipo de protección.

Las competiciones internacionales organizadas por la ICKF incluyen eventos de combate sin armas sobre *leitai*, en los que los atletas visten uniformes de color amarillo o azul, guantes que permiten agarrar y una máscara que protege el rostro.

Durante los primeros torneos sobre *leitai* en Taiwán, que comenzaron en 1955, la única protección era un par de guantes de jardinería. En estos primeros torneos se evitaba el contacto con el rostro; no obstante, durante el quinto torneo de *guoshu* organizado por la ICKF, en 1986, se permitió el contacto al rostro, lo que causó un gran número de lesiones a los participantes y obligó a reconsiderar el asunto del equipamiento de seguridad. En Taiwán, las competiciones más recientes de *guoshu* se han realizado en una plataforma ubicada sobre un lago, existiendo diez categorías de peso para los hombres y siete para las mujeres. Otro de los eventos es el combate de espada *(jian shu),* donde los participantes se enfrentan con espadas de bambú vistiendo uniformes como los ya descritos, utilizando también protecciones similares a las del kendo japonés. Otras competiciones de combate con armas incluyen el sable, el bastón largo, la lanza y el sable con escudo, realizándose todas ellas con armas de bambú. También se organizan demostraciones de rutinas con y sin armas. En la actualidad, la práctica del kung-fu en Taiwán se realiza en su mayor parte en parques públicos, escuelas, universidades..., pero no en clubes, privados como es habitual en otros países, debido a que el coste de organizar un club suele ser demasiado alto para los artistas marciales.

8

El cine de kung-fu y su impacto en Occidente

En la pequeña pantalla se dibuja nítida la figura de un sol que despunta sobre el horizonte. Como saliendo del Sol, del mismo Oriente, una figura recortada en negro avanza hacia el Oeste. Un potente *zoom back* revela al espectador lo lejos que están el caminante y el Sol, en una bella metáfora sobre el propio *Lejano Oriente*, mientras la palabra *Kung-fu*, en amarillo, se destaca sobre el negro del suelo. Infatigable, el caminante lleva consigo la sabiduría, las técnicas y los secretos del kung-fu de los monjes de Shaolin, o al menos su versión más romántica.

Indiscutiblemente, la serie *Kung-fu* (1972 - 1975) supuso un importante hito en la historia de las artes marciales chinas en su proceso de difusión y globalización. Más que ninguna otra acción, la presencia de las artes marciales en los medios audiovisuales —hasta llegar a constituirse como un género autónomo— ha permitido que estas sean conocidas en prácticamente cualquier lugar del mundo. En virtud de su carácter exótico y de la propia fuerza expresiva de las producciones donde se han presentado (series de televisión, películas y videojuegos fundamentalmente), la imagen de las artes marciales en Occidente, y particularmente del kung-fu, ha tendido por lo general a la deformación y a la hipérbole. No obstante, estas imágenes comenzaron a generarse antes de que las pantallas capturasen las artes marciales, en un proceso histórico que hunde sus raíces en los propios procesos de interrelación entre Occidente y el Lejano Oriente.

LA ATRACCIÓN POR EL LEJANO ORIENTE Y LAS ARTES MARCIALES

Muchos siglos antes de que la gran pantalla sorprendiese a los espectadores de todo el mundo mostrando las increíbles habilidades y los insondables principios filosófico-religiosos del kung-fu, el Lejano Oriente era ya una tierra soñada, deseada e idealizada. En 1298, durante su reclusión en las cárceles genovesas, el célebre comerciante italiano Marco Polo dictaba a su compañero de celda, el escritor Rustichello de Pisa, el que habría de convertirse en uno de los libros de viajes más famosos e influyentes de la historia y que actualmente conocemos con títulos como *El Libro de Marco Polo*, *El Libro de las Maravillas*, *La descripción del Mundo* o *El Millón*. Gracias a esta obra, a caballo entre fantasía y realidad, el medievo occidental tuvo una primera idea acerca del Lejano Oriente, un mundo maravilloso plagado de riquezas, extraños fenómenos e insólitas costumbres que cautivaría a una larga lista de viajeros, comerciantes, religiosos, gobernantes o eruditos, entre los que mucho tiempo después figuró el mismísimo Cristóbal Colón. Como señala el politólogo inglés Harry G. Gelber, el libro de Marco Polo fue durante dos siglos el único compendio de información sobre China —entonces conocida como Catay— disponible para los europeos.

Durante el siglo XVI, lo que hasta entonces habían sido, en palabras del profesor Gelber, una serie de contactos esporádicos y erráticos entre China y Occidente, muy limitados debido a las dificultades técnicas y las inestabilidades políticas de la época, comienzan a transformarse en unas relaciones comerciales cada vez más intensas, encabezadas por portugueses y españoles primero y seguidas por holandeses, ingleses, franceses o alemanes después, aunque con distintas suertes. Se unía a la comercial, incluso con mayor intensidad según los países, una fuerte motivación político-religiosa orientada a la cristianización y a la contención de la expansión islamista. Se abría así un importante periodo de intercambio cultural en el que fluyeron todo tipo de conocimientos y mercancías entre ambos mundos. Para los europeos de principios y mediados del siglo XVII la imagen de China era muy positiva, y estaba asociada a su gran tamaño, sus riquezas y a lo avanzado de su cultura.

A mediados del siglo XVIII la generosa llegada de mercancías chinas a los mercados europeos y la propia influencia de la estética extremo oriental generaron un breve periodo de moda chinesca que se plasmó en ámbitos tales como el artístico con la *chinoiserie*. Según señala el historiador del arte español Enrique Arias, esta moda estaba determinada por una visión legendaria y fabulosa de Catay, siguiendo la tradición inaugurada por Marco Polo y que de un modo más o menos evidente terminó de afirmar el exótico imaginario de lo oriental.

Es en este periodo cuando se publica en París la enciclopédica obra del jesuita francés Jean Joseph Marie Amiot *Mémoires concernant l'histoire, les sciences et les arts des Chinois* (quince volúmenes, 1776 - 1789). A uno de los colaboradores del padre Amiot en esta obra, el también jesuita Pierre-Martial Cibot (1727 - 1780, misionero en China desde 1758 hasta su muerte), debemos posiblemente la primera referencia al *cong-fou* (kung-fu) existente en lenguas no orientales, aunque esta no se refiere a un ámbito marcial sino a un ámbito médico. Sin ahorrarse críticas, señalaba el jesuita,

> Se llama Tao-Sée en chino a todos los que son de la secta que reconoce al famoso Lao Tsée o Lao-Kun como jefe y maestro [...]. Se llama Cong-Fou en chino a las posturas singulares en las que se mantienen algunos Tao-Sée. Como los Bonzos tienen más tiempo libre, tienen más tiempo para dedicarse al Cong-Fou y pasan por ser como mejores conocedores que los demás. Las espesas nubes de la superstición y las terribles tinieblas de la idolatría han ocultado de tal manera la verdadera teoría del Cong-Fou a la multitud que ha sido persuadida, después de los recitados de los Bonzos, de que es un verdadero ejercicio de religión que, al curar el cuerpo de sus enfermedades, libera el alma de la servidumbre de los sentidos, la prepara para entrar en contacto con los espíritus y le abre la puerta a yo no sé qué inmortalidad a la que se llega sin pasar por la tumba. [...] La majestad del trono no ha podido salvar a algunos emperadores de la estupidez de creer en ello. [...] El Cong-Fou consiste en dos cosas: en la postura del cuerpo y en la forma de respirar. [...] Si el Cong-Fou merece alguna atención, los médicos europeos no necesitan de los de China para sacar partido y perfeccionarlo [...] el fin de este tratado no es enseñar el Cong-Fou, sino proponer a los físicos y a los médicos examinar sin prejuicio lo que hay que pensar sobre ello. El sistema sobre el que se basa, incluso si fuese falso, puede llevar a encontrar uno más verdadero.

Algunas de las ilustraciones que acompañan el capítulo del
jesuita francés Pierre-Martial Cibot «Noticia del
Cong-Fou de los Bonzos Tao-Sée», en el tomo IV (1779) de
la obra de *Mémoires concernant l'histoire, les sciences et les
arts des Chinois*. Figura 5: «Contra los males de corazón,
la delgadez de agotamiento, la sed acompañada de calor en
el cuerpo». Figura 6: «Contra la plenitud y el empacho en
las entrañas con debilidad». Figuras 7 y 8:
«Para mantener la salud».

La siguiente ola de atracción de Occidente por el Lejano Oriente se produce desde mediados del siglo XIX, aunque esta vez teniendo a Japón como principal foco de interés, no solo por el encanto y exotismo de su cultura tradicional sino también por el acelerado proceso de modernización que estaba experimentando el país. A principios del siglo XX, Japón ya era una de las principales potencias asiáticas, en contraste con la débil situación china, ya descrita en el capítulo seis. Ante los ojos de las potencias extranjeras, la imagen de China había comenzado a cambiar drásticamente desde finales del siglo XVII desde la admiración hasta la dura crítica, en parte por un mejor conocimiento de su cultura y en parte por los frecuentes desencuentros de las embajadas europeas con la rígida, clasista e incluso xenófoba corte china. A pesar de su riqueza y exotismo, China también tenía una cara oscura caracterizada por el sentimiento de superioridad de las élites gobernantes, su desconfianza e inmovilismo, la miseria y falta de libertad del pueblo, o lo cruel de muchas de sus costumbres, entre otros aspectos. Esta percepción no hizo más que empeorar desde mediados del siglo XVIII con la progresiva pérdida de poder del gobierno Qing y su patente inferioridad frente a las potencias extranjeras. Como señala el historiador español Florentino Rodao, el pueblo chino era visto como ocioso, vago y poco fiable, y los chinos eran calificados despectivamente como «los hombres enfermos de Asia».

En este contexto de admiración por Japón y desdén hacia China, no es extraño que artes marciales japonesas, particularmente el *jujutsu*/judo, fuesen las primeras en importarse hacia Occidente, exhibiéndose habitualmente en teatros, circos, *music-halls*, clubes de cultura física, publicaciones impresas, etc. como infalibles métodos de combate teñidos de un cierto misticismo. Así, el *jujutsu* se presentaba como una antigua forma de lucha creada por los nobles samuráis, perfeccionada por la práctica y por la aplicación de principios científicos sobre el cuerpo humano hasta extremos que podían llegar a ser poco comprensibles, para dar como resultado un arte que permitía que el débil derrotase al fuerte con un mínimo gasto de energía. Estas imágenes constituyeron un primer imaginario de las artes marciales asiáticas en Occidente en la época moderna, potente y atractivo, que logró extenderse gracias a numerosos factores, entre los que destacan el propio auge del movimiento deportivo y de los medios de comunicación, la emigración japonesa o la atracción que sintieron los países occidentales hacia este fascinante archipiélago. Por su parte, las artes marciales chinas, que alcanzaron una cierta notoriedad mundial durante la Rebelión de los Bóxers (1898 - 1901), no fueron incorporadas a la emergente cultura deportiva occidental porque fueron consideradas un producto obsoleto de una cultura decadente.

Uno de los primeros autores que trasladó el encanto de las artes marciales al ámbito de las bellas artes fue el escritor escocés Arthur Ignatius Conan Doyle (1859 - 1930), autor entre otras obras de la famosa saga del detective Sherlock Holmes. En *The final problem* (*El problema final*, 1893) Holmes se había enfrentado al profesor Moriarty en las cataratas de Reichenbach, donde supuestamente ambos se habrían precipitado al vacío perdiendo la vida. No obstante, algunos años después, en *The adventure of the empty house* (*La aventura de la casa vacía*, 1901), Holmes reaparecía para explicar a su querido doctor Watson:

> …luego eché a andar por el desfiladero con Moriarty pisándome los talones. Cuando llegué al final, me dispuse a vender cara mi vida. Él no sacó ningún arma, pero se abalanzó sobre mí,

rodeándome con sus largos brazos. Sabía que su juego había terminado, y solo estaba ansioso por vengarse de mí. Forcejeamos al borde mismo de la catarata. Sin embargo, poseo ciertos conocimientos de baritsu, el sistema japonés de lucha, que más de una vez me ha resultado muy útil. Me escabullí de su presa y él lanzó un grito horrible, pataleó como un loco durante unos instantes y trató de agarrarse al aire con sus manos. Pero, a pesar de todos sus esfuerzos, no logró mantener el equilibrio y cayó. Asomé la cara sobre el borde del precipicio y le vi caer un gran trecho. Luego chocó contra una roca, rebotó y se hundió en el agua.

Un hecho que resulta curioso en esta historia es que en 1893, cuando Doyle escribe *The final problem*, relatando cómo Holmes acaba con Moriarty gracias al *baritsu* —correctamente *bartitsu*, un arte marcial muy influenciado por el *jujutsu* creada por el ingeniero inglés Edward William Barton-Wright—, el *bartitsu* aún no existía, ya que este fue creado en 1898. De este modo se produce una curiosa incoherencia histórica, a saber; Doyle relata por boca de Holmes en *La aventura de la casa vacía* (1901) la muerte de Moriarty durante la lucha que se produce en *The final problem* (1893). Holmes comenta que utilizó sus conocimientos de *bartitsu*, lo cual no era posible porque el *bartitsu* aún no había sido creado por Barton-Wright.

El lastre de prejuicios y desconocimiento que acompañó al kung-fu en su difusión hacia Occidente no logró superarse hasta bien entrada la segunda mitad del siglo xx. Al margen del poco interés que suscitaba entre los consumidores de actividades marciales, que habían optado por deportes occidentales como el boxeo o por las artes marciales japonesas, los propios emigrantes chinos fueron reticentes a enseñar kung-fu a personas ajenas a su comunidad, en parte, como recogen los sociólogos y pedagogos del deporte de la Universidad Libre de Bruselas Marc Theeboom y Paul de Knop, por el tratamiento racista que estos habían recibido en los países de acogida.

A partir de la década de 1960, la popularización del movimiento New Age fomentó un nuevo acercamiento a Oriente en su faceta más espiritual. En palabras del psicólogo estadounidense Arthur Dole, puede definirse al New Age como «una ecléctica colección de técnicas psicológicas y espirituales enraizadas en el misticismo oriental, carentes de datos evaluativos científicos, y que son fervorosamente promocionadas por seguidores de diversos líderes idealizados que afirman visiones transformadoras». Entre las prácticas del New Age figuran las artes marciales chinas, particularmente las denominadas artes marciales internas, aunque también muchas artes marciales consideradas externas han enfatizado elementos del misticismo oriental para incrementar su atractivo.

Y, cómo no, este nuevo acercamiento a Oriente desde una perspectiva más espiritual supo ser aprovechado en un ámbito comercial. Particularmente, el cine y la televisión vieron al exótico y misterioso kung-fu como un elemento que podría atraer a miles de espectadores ante las pantallas.

MADE IN HONG KONG

Conceptualmente hablando, el cine de artes marciales es un subgénero del cine de acción cuya esencia, y habitualmente mayor atractivo, son las escenas de combate cuerpo a cuerpo. En su voluminosa *Enciclopedia de películas de artes marciales*, los periodistas estadounidenses Bill Palmer, Karen Palmer y Ric Meyers recogen un total de tres mil doscientos ochenta y un títulos hasta 1994 —aunque los autores no lo especifican, se sobreentiende que son títulos que han podido verse en el mercado estadounidense, ya sea en versión original o doblada al inglés—, lo cual muestra claramente la considerable dimensión de un género que hunde sus raíces en las películas de kung-fu y que, a pesar de sus detractores, ha sabido crearse, adaptarse y reinventarse para satisfacer las apetencias de todo tipo de consumidores.

Aunque el *boom* global del cine de artes marciales se produce en la primera mitad de la década de los setenta, la utilización de técnicas de combate orientales comenzó a verse en la gran pantalla aproximadamente medio siglo antes. Según señala el profesor Ying Yang de la Universidad de Hong Kong, las raíces del género se remontan al Shangai de los años veinte del siglo pasado, cuando los productores cinematográficos locales combinaron este nuevo modo de expresión con las formas culturales chinas, principalmente la ópera pequinesa y las novelas de artes marciales *(wu xia)*. Como resultado surgen las «películas de caballería marcial» *(wu xia pian),* o películas de combates de espadas, para algunos puristas un género de cine de artes marciales diferente al cine de kung-fu. Ubicadas en antiguas dinastías, como apunta el estudioso del cine Leon Hunt, de la universidad londinense de Brunel, estas producciones solían narrar de un modo absolutamente fantástico las hazañas de caballeros errantes y mujeres guerreras, sin que faltasen elementos como combates aéreos, espadas voladoras y manos que expelían luminosos rayos de energía.

A pesar de su popularidad —entre 1928 y 1931 Shangai produjo unas doscientos cincuenta películas de kung-fu—, estos filmes no contaron con el visto bueno de las élites políticas y culturales chinas, particularmente en el gobierno del Kuomintang, que consideraba que eran inútiles y promovían la superstición y la creencia en lo sobrenatural; así, el centro de producción de películas de kung-fu se trasladó de Shangai a Hong Kong –cambiando el idioma original de las mismas, del mandarín al cantonés–, para afianzarse desde finales de los años cuarenta debido a la inestabilidad de la China continental, que hizo que Hong Kong –bajo poder colonial británico– se convirtiese en el auténtico núcleo de producción cinematográfica en China. Es durante este periodo cuando emerge una segunda tipología de películas de kung-fu, en parte como reacción al excesivo misticismo que había caracterizado al género, basada en combates a manos desnudas *(gung fu pian)*. Según expone el profesor Hunt, estas películas se ambientaban en periodos históricos más recientes y realistas, principalmente aquellos en los que el pueblo chino se hallaba bajo la dominación extranjera —por ejemplo la dinastía Qing—, para presentar los esfuerzos de personajes como Fong Say-yuk, héroe imaginario típico de las novelas *wuxia* de la dinastía Qing, y Wong Fei-hung (1847 - 1924), famoso médico y revolucionario convertido en héroe del folclore popular, —obviamente, ambos consumados artistas marciales— frente a la injusticia y el poder establecido.

En la década de 1960, la mayor parte de las más de trescientas películas de kung-fu en cantonés realizadas en Hong Kong aún respondía a la tipología de películas de combate de espadas. No obstante, a mediados de la década, la poderosa productora Shaw Brothers, líder también de distribución de películas de Hong Kong a los mercados asiáticos y, a decir de los críticos, capaz de realizar mejores películas que sus competidoras, comienza a producir películas en mandarín para mejorar su distribución internacional. Igualmente, como señala el profesor de estudios de cine de la Universidad de Illinois David Desser, Shaw Brothers comenzó a primar las películas de combates a manos desnudas sobre las de combates de espadas; la fórmula básica que comenzó a imponerse como característica del género, en palabras del profesor Yang, fue el tema de la venganza y de la lucha entre el bien y el mal, las largas escenas de combate con llamativas y rápidas coreografías, y la utilización de vestimentas y personajes típicos. Del mismo modo, y aunque con algunas excepciones, el cine de artes marciales se afirmó como un género con protagonismo masculino en el que el actor principal representaba la caballerosidad y rectitud propia de la ética confuciana.

Contratando a los mejores directores disponibles, como Chang Che o King Hu, Shaw Brothers dio una vuelta de tuerca más al género para producir cientos de películas —según Desser la compañía llegó a producir una película por semana, siendo en su gran mayoría películas de kung-fu—, con títulos que indefectiblemente ocuparon todos los primeros puestos de recaudación de películas de Hong Kong entre 1970 y 1972. Es precisamente a principios de los años setenta, una década dorada para las películas del género, cuando los ejecutivos de la Shaw Brothers Raymond Chow, Leonard Ho y Leung Fung deciden rescindir sus contratos para crear la compañía Golden Harvest, la cual dominó el cine de Hong Kong hasta entrada la década de 1990. Gracias a sus políticas más modernas y liberales, la Golden Harvest pronto entró en directa competición con Shaw Brothers, hecho que hay que atribuir en gran medida al increíble éxito logrado por Bruce Lee, su más fulgurante estrella. Es también durante esta época cuando muchas de la películas realizadas en Hong Kong —fundamentalmente películas de combates a manos desnudas, ya que las películas de combates de espadas se consideraron excesivamente esotéricas— rebasan el mercado del este asiático y otros círculos de distribución minoritarios para llegar a las pantallas de Occidente y generar el movimiento global del cine de artes marciales.

DAVID CARRRADINE, BRUCE LEE...
EL CINE DE KUNG-FU LLEGA A OCCIDENTE

En su llegada a Occidente, las películas de kung-fu contaron con varios elementos a favor, como el ya citado movimiento New Age, el propio misticismo e imagen de invencibilidad asociada a las artes orientales de combate, o la propia tradición de cine de acción para el que las artes marciales suponían todo un aire fresco. Ha de señalarse que la aparición de las artes marciales asiáticas en las pantallas occidentales también se remonta a los años veinte, concretamente a 1921 con la comedia estadounidense *The outside woman*, en la que aparece una escena en la que uno de los protagonistas, el artista Mr. Cambridge, es dejado fuera de combate por su sirviente japonés Togo mientras practican *jujutsu*. Tal y como sucedió con la propia introducción de las artes marciales en Occidente, las artes marciales japonesas fueron las primeras en verse en las pantallas occidentales, siendo buena muestra de ello títulos como *Sangre sobre el sol* (1945), donde el famoso actor estadounidense James Cagney muestra sus conocimientos de judo; *Conspiración de silencio* (1955), en la que Spencer Tracy en su papel de veterano de guerra se vale del kárate para resolver una pelea, o las numerosas películas en las que el idolatrado rey del rock Elvis Presley exhibía su kárate, comenzando con *G.I. Blues* (1960).

Con todo, el auge del cine de artes marciales en Occidente se inicia propiamente con el auge en Estados Unidos del cine de acción *made in Hong Kong*. Las primeras películas del género pudieron verse en los cines de las *chinatowns* de ciudades como Nueva York, San Francisco, Los Ángeles, Honolulu o Vancouver, y resultó ser en principio un producto de consumo exclusivamente para la población de habla china. No obstante, en 1973 tres películas estrenadas un año antes en Hong Kong, *De profesión: invencible*, *Furia oriental* y *Deep thrust: the hand of death*, lograron alcanzar récords de recaudación semanales en las taquillas estadounidenses, desatando lo que el profesor Desser califica como una breve tormenta de locura por el kung-fu. En esta tormenta, a modo de agente catalizador, fue fundamental la participación de la conocida productora estadounidense Warner Brothers, que se involucró como ninguna otra en la producción y distribución de películas de kung-fu, cuyo potencial había comenzado a valorar gracias al éxito de la serie televisiva *Kung-fu* (1972 - 1975).

Posiblemente no sea exagerado afirmar que casi cualquier persona que rebase la cuarentena podrá recordar con facilidad la serie *Kung-fu* y a su no menos conocido protagonista, el actor estadounidense John Arthur «David» Carradine (1936 - 2009, de la familia de actores Carradine, en la que se incluyen su padre John y sus hermanos Keith y Robert), en su papel del monje de Shaolin Kwai Chang Caine. A caballo entre western y película de artes marciales, la serie narra las aventuras del mestizo chino-estadounidense Kwai Chang en su viaje por el lejano oeste americano en busca de su hermanastro Danny Caine, al que logra encontrar finalmente.

Además de un buen elenco de técnicas marciales, *Kung-fu* sorprendió por un componente filosófico siempre asociado al exótico monasterio de Shaolin —donde Kwai Chang había sido educado—, lo cual sirvió para reforzar la idea de que las técnicas orientales de combate eran «algo más» que golpes y patadas. Como señala el escritor estadounidense Herbie J. Pilato,

> los escritores de la serie hicieron acopio de información sobre el Confucionismo, el Tao Te King de Lao Tzú, el Budismo Zen, y del Antiguo y el

El actor estadounidense David Carradine (1936 - 2009), en su papel del monje de Shaolin Kwai Chang Caine. Educado en los sólidos preceptos morales del budismo, así como en las tradiciones marciales del monasterio de Shaolin, Kwai Chang se ve compelido a actuar frente a las numerosas injusticias que le salen al paso para restablecer la paz, filosofía que defiende fervientemente aún a pesar de tener que emplear el temible kung-fu.

Nuevo Testamento; todos los cuales comparten un tema similar: amabilidad, paz entre toda la gente, y compasión, son de la más alta importancia si uno aspira a tener una espiritualidad con fundamento, y una existencia feliz.

En la serie existen diálogos memorables que relacionan esta filosofía con las artes de combate, como el que entablan el maestro Kan y Kwai Chang en el séptimo capítulo, titulado «Nueve vidas»:

Maestro Kan: Los buenos carreteros no empujan el carro. Los buenos luchadores no hacen demostraciones de ira. El antagonista más sabio es el que consigue vencer sin entablar combate.
Kwai Chang: Pero maestro… ¿no es una contradicción entrenar el cuerpo así, para nunca entablar combate?
Maestro Kan: Es el poder de la no confrontación. Es como el débil que consigue vencer al fuerte.

Kung-fu es fuente también de interesantes polémicas. Posiblemente la más repetida es la que señala que Bruce Lee fue el creador del concepto de la serie y que estuvo propuesto para protagonizarla. No obstante, finalmente fue Carradine —que carecía de experiencia en artes marciales— el seleccionado debido a que se consideró que un protagonista totalmente asiático no sería bien aceptado entre los espectadores estadounidenses, mientras que el rostro ligeramente oriental y la serenidad de Carradine resultaron perfectos para el personaje. Con el tiempo, y como ha sucedido con tantos personajes famosos, el papel de Kwai Chang Caine encasilló relativamente la carrera artística de David Carradine, ofreciéndole en contraprestación diversas secuelas de la serie, papeles tan interesantes como Bill «Encantador de Serpientes» —jefe del «Escuadrón asesino víbora letal» en las películas de Quentin Tarantino *Kill Bill 1* (2003) y *Kill Bill 2* (2004)—, o una afición por las artes marciales que se prolongó durante toda su vida. El fallecimiento de Carradine en extrañas circunstancias en Bangkok, el 3 de junio de 2009, es ya una más de las leyendas del kung-fu.

Pero si la serie *Kung-fu* fue un hito, la icónica figura de Bruce Lee (1940 - 1973) supuso una auténtica revolución para el kung-fu y el cine de artes marciales. Bruce Lee, el creador del famoso arte del *jeet kune do* —«camino del puño interceptor»—, nació en el *chinatown* de San Francisco en el año del dragón como fruto del matrimonio entre el conocido actor chino Lee Hoi-Chuen y Grace Ho, quien pertenecía a uno de los clanes más poderosos de Hong Kong. Trasladados a esta ciudad pocos meses después del nacimiento de Bruce, este permaneció en Hong Kong hasta los dieciocho años, manifestándose como un adolescente difícil según refieren sus innumerables biografías. Es durante esta etapa cuando comienza su formación marcial con el famoso maestro de *wing chun* Yip Man (1893 - 1972), que complementaría de manera parcial —Lee no llegó a completar su formación en *wing chun*— con sus compañeros de entrenamiento William Cheung y Wong Shun Leung.

A los dieciocho años, Lee regresó a Estados Unidos. Aunque nunca finalizó su formación universitaria, realizó estudios de dramatización en la Universidad de Washington entre 1961 y 1964, que complementó con asignaturas pertenecientes a disciplinas como la filosofía y la psicología. Hasta mediados de la década de 1960, Lee obtenía parte de sus ingresos enseñando kung-fu, y de hecho fundó diversas escuelas abiertas —esto es, no restringidas solo a los chinos, aunque él no fue el único en tomar esta iniciativa—, lo cual le generó graves problemas con la comunidad china de artes marciales. Según narran sus biografías, estos problemas se superaron cuando Lee derrotó a Wong Jack Man, el mejor maestro de kung-fu existente en dicha comunidad y que había llegado recientemente de China, aunque la disparidad de versiones sobre este enfrentamiento hace que algunos duden de su veracidad.

No obstante, pese a que nunca abandonó la enseñanza de las artes marciales, Lee pronto dedicó sus esfuerzos a labrarse una carrera como actor —él se consideraba a sí mismo actor de profesión y artista marcial por vocación—. En 1964, gracias a una espectacular demostración de kung-fu que realizó en el Torneo Internacional de Kárate de Long Beach —organizado por Ed Parker, famoso por enseñar kárate a diversas estrellas de Hollywood, entre ellas Elvis Presley—, Lee tuvo su primer contacto con el productor William Dozier, quien le proporcionaría su primer gran papel como Kato en la serie televisiva *El Avispón Verde* (1966 - 1967). Experto en el lanzamiento de dardos y en el combate cuerpo a cuerpo, la fuerza que imprimió Lee al personaje llegó a eclipsar al protagonista de la serie, Britt Reid «el Avispón Verde», lanzándole a la fama no solo en Estados Unidos sino también en muchos otros lugares, particularmente en Hong Kong.

Tras realizar diversos trabajos en otras producciones televisivas e incluso en el cine, Lee volvió a Hong Kong como una estrella para encontrar el apoyo del que carecía en Estados Unidos y firmar con Golden Harvest la producción de *Karate a muerte en Bangkok* (1971) y *Furia oriental* (1972), ambas saldadas con rotundos récords de taquilla. Intocable en su posición, Lee escribió, dirigió y protagonizó *El furor del dragón* (1972), otro éxito aún mayor que sirvió para promocionar al campeón estadounidense de kárate Chuck Norris, con el que se enfrenta en uno de los combates más memorables de la historia del cine de artes marciales.

A finales de 1972, inmerso en el rodaje de *Juego con la muerte*, la que iba a ser su cuarta película (finalmente estrenada en 1978, cinco años después de su muerte), Warner Brothers llama a su puerta para ofrecerle el papel protagonista en la mítica *Operación dragón* (1973), la primera película de artes marciales coproducida por grandes compañías de Hong Kong y Estados Unidos.

Operación dragón relata el encuentro de varios personajes que asisten a un torneo de artes marciales organizado por un misterioso personaje llamado Han, que resulta ser un poderoso criminal que está formando su propio ejército. Lee (Bruce Lee) es uno de los invitados al torneo, pero en su participación se esconden otras motivaciones mucho más importantes que las meramente deportivas. A lo largo de la película, un espectacular Bruce Lee, tanto en el ámbito físico como técnico, despliega todas sus habilidades frente a los esbirros del malvado Han, al que derrota en el esperado combate final.

Cartel de *Karate a muerte en Bangkok*, protagonizada
por Bruce Lee (título original *The Big Boss* —literalmente,
El gran jefe—). En su crítica cinematográfica de estrenos,
el periodista del diario barcelonés *Mundo Deportivo*
J. López Español señalaba: «Bruce Lee encarna al héroe
de la fábula con expresiva simpatía. Además se trata de un
atleta consumado que domina todos los secretos del judo y
del kárate: esas dos artes marciales japonesas hasta no hace
muchos años casi secretas pero actualmente incorporadas a
las técnicas de combate y de la defensa personal en todo el
mundo» (23 de abril de 1973), lo cual nos da una idea de los
motivos que pudieron inducir el cambio de título de
la película. En contraste, la parte inferior de la página donde
se inserta la citada crítica muestra un anuncio ilustrado
de la película *De profesión: invencible*, en el la que se
explota una estrategia totalmente diferente: «¡ATENCIÓN!
Como este filme revela por vez primera los secretos del
kung-fu, la forma de lucha más mortal en uso en Oriente, se
advierte al público que la imitación de cuanto verá en la
pantalla conduce inevitablemente a graves e irreparables
lesiones, si no la muerte», para rematar con un terrorífico
«¡Vencía a los campeones de un deporte tan mortal que
convierte a los valientes en asesinos!».

Completada con un reparto más que aceptable y una buena producción, *Operación dragón* batió récords de recaudación en Asia, Estados Unidos y Europa, siendo sin duda la película más importante de artes marciales que nunca se haya rodado. No obstante, Lee no llegó a saborear las mieles de este triunfo, puesto que falleció el 20 de julio de 1973, pocos días antes del estreno del film en Hong Kong. Con su misteriosa muerte —oficialmente accidental debido a una reacción alérgica a un medicamento, aunque han circulado todo tipo de rumores sobre la misma que la asocian a un envenenamiento a manos de las sociedades secretas chinas conocidas como tríadas, o que la vinculan a una maldición que años después también se cebaría en su hijo Brandon Lee (1965 - 1993)— Lee entraba en el olimpo de las grandes estrellas con muertes trágicas. Mito de las artes marciales, del cine y de la cultura pop, la imagen de Bruce Lee es un icono cultural que resurge periódicamente para evocar en los espectadores el nervio, la fuerza y la filosofía de un Oriente lanzado a la conquista del mundo.

Kung-fu en evolución

Muchas de las películas de kung-fu de aquel famoso 1973 se convirtieron en auténticos éxitos de taquilla, fomentando aún más la expansión del género y que la propia industria cinematográfica estadounidense comenzase a valorar seriamente el atractivo que podrían sumar las artes marciales a sus propias producciones, comenzando por la Warner Brothers con la ya citada coproducción de *Operación dragón*. No obstante, la locura del kung-fu finalizó ese mismo año tan pronto como había llegado. Según señala David Desser, las elevadas dosis de violencia, mala edición, sonido, doblaje y efectos especiales de las películas de kung-

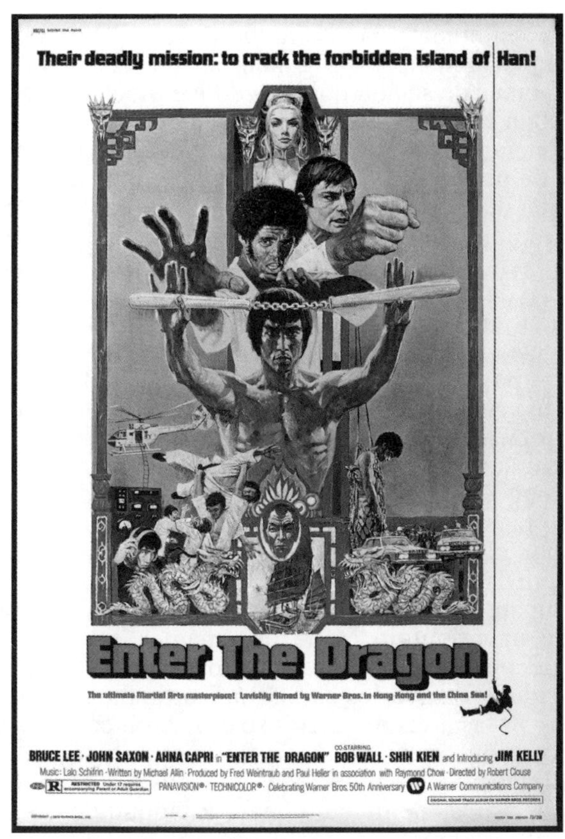

Cartel en inglés de la famosa película *Operación Dragón*, protagonizada por Bruce Lee y coproducida por Warner Brothers, Golden Harvest y Concord Production, la compañía creada por Lee. A pesar del absoluto protagonismo de Lee, la película también presenta en el reparto al actor blanco John Saxon y al actor de color Jim Kelly, en un potente y atractivo trío multiétnico que rompió taquillas en todo el mundo. De hecho, durante su producción la película fue titulada *The Deadly Three (Los tres letales)*.

fu, sus reiteradas tramas argumentales, la distribución en emplazamientos de segunda categoría como autocines o cines de sesión doble —donde muchas veces se cortaban las películas para ajustar su duración a las exigencias del contexto—, así como la propia saturación de películas llegadas de Hong Kong condenó la imagen del género hasta el nivel de lo deplorable, lo que impidió dotar de valor a algunas notables películas como la famosa producción taiwanesa *Un toque de zen* (1971), de King Hu, primera película de *wu xia* galardonada en el Festival de Cannes (Gran Premio Técnico, 1975).

A pesar de todo, la semilla ya estaba plantada, y solo fue cuestión de meses que un cine de artes marciales propiamente estadounidense, en boga hasta la fecha de hoy, sustituyese las películas de kung-fu realizadas en Hong Kong. ¿Por qué esta permanencia del cine de artes marciales? Entre las numerosas causas que podrían citarse, el profesor de estudios asiático-estadounidenses Sheng-mei Ma, de la Universidad de Michigan, señala que las artes marciales se mostraron desde un principio como una mágica estrategia de fortalecimiento capaz de transformar a todo tipo de individuos y salvarlos de un trágico final. A mediados de los 70 las artes marciales se utilizaron en el cine de explotación negro —o *blaxploitation*, un género que «explotaba» de un modo sensacionalista las supuestas características del pueblo negro estadounidense— en películas como *Cinturón negro Jones* (1974) o *Los demoledores* (1974), ambas protagonizadas por el actor y karateka negro Jim Kelly. A finales de la década, la figura de Chuck Norris —a la que seguirían otras como Jean-Claude Van Damme o Steven Seagal— mostraba la hegemonía de los varones blancos expertos en artes marciales en su lucha contra el mal. Pero es más, los adolescentes débiles y acomplejados lograban triunfar gracias a las artes marciales (*Karate Kid*,

1984, con dos secuelas en 1986 y 1989), al igual que las mujeres (*El nuevo Karate Kid*, 1994), o incluso los osos gordos, como sucede en la deliciosa *Kung-fu Panda* (2008).

Volviendo a Hong Kong, el cine de kung-fu pronto pagó los excesos de la superproducción de películas de principios de los setenta, tanto en términos económicos como de creatividad. En términos económicos, la saturación de mercados y las propias circunstancias económicas globales (por ejemplo, crisis del petróleo de 1973) o de los mercados locales (por ejemplo, subida de impuestos para la importación de películas en Tailandia, Malasia o Singapur) favorecieron una rápida vuelta al cine en cantonés, que a finales de la década ya había expulsado casi totalmente de las pantallas al cine en mandarín. En términos de creatividad, y a pesar de los esfuerzos de directores como Lau Kar-leong o Zhang Che, que en opinión del periodista malayo Stephen Teo mostraron una evolución sólida del género en películas como *Disciples of Shaolin* (1975) o *Executioners from Shaolin* (1977), lo que primó fueron las imitaciones baratas de la figura y filmografía de Bruce Lee. Esto permitió el florecimiento de otros géneros que hasta entonces habían estado muy eclipsados por el cine de kung-fu.

A finales de los años setenta emerge la «comedia de kung-fu», un «nuevo» estilo —entrecomillamos nuevo ya que en puridad existen ejemplos más tempranos de comedias de kung-fu— caracterizado por romper con la clásica imagen del impasible maestro de artes marciales y del supuesto realismo de los combates para presentar lo que Teo denomina un «ingenuo bufón», es decir, un maestro de artes marciales que sin perder su heroísmo se caracteriza por una *vis cómica* que se traslada a toda la película, incluyendo las escenas de combate. El ejemplo más famoso de la comedia de kung-fu lo personifica el aún en activo y polifacético Jackie Chan (nacido en Hong Kong en 1954), con más de cien películas a sus espaldas, aunque también otros actores como Samo Hung lograron un gran reconocimiento en la misma etapa.

Formado en el estricto régimen de la Academia China de Dramatización de Hong Kong —una de las principales escuelas de ópera pekinesa—, donde estudió disciplinas como artes marciales, gimnasia acrobática, música y danza, Jackie Chan logró el estrellato en 1978 gracias a películas como *La serpiente a la sombra del águila* y *El mono borracho en el ojo del tigre*, lo que le permitió como a Bruce Lee trabajar con la Golden Harvest y tener una gran libertad para realizar sus propias películas. Durante los años ochenta Chan creó su propio grupo de especialistas para producir un estilo de películas de kung-fu más elaborado, complejo y espectacular, tratando de llegar a los estándares de las producciones de Hollywood. Como resultado, Chan logró auténticos récords de taquilla no solo en Hong Kong sino también en otros países del este asiático, hecho que se repitió a finales de la década y principios de los 90 con el estreno de secuelas de muchas de sus anteriores películas como *El mono borracho en el ojo del tigre*, *Armas invencibles* (1985) o *La armadura de Dios* (1987).

A mediados de la década de 1990 Chan logró finalmente triunfar en el mercado estadounidense —ya lo había intentado sin fortuna durante la primera mitad de los años ochenta— con películas como *Duro de matar* (1995, estrenada en Estados Unidos un año más tarde) y *Supercop* (1992, estrenada en Estados Unidos en 1996). Con *Hora punta* (1998), ya puramente una producción de Hollywood, a la que siguieron dos secuelas en 2001 y 2007, Chan se consolidó como estrella hollywoodiense y por tanto mundial; estas películas, en las que se explota lo que el profesor Shengmei Ma denomina «Kung-fu amarillo y chistes negros»

—en alusión al kung-fu de Jackie Chan y a los chistes de su compañero negro, el actor estadounidense Chris Tucker— ocupan los tres primeros puestos en récord de recaudación en Estados Unidos en la categoría de acción/artes marciales (obviando la película *Kung-fu Panda*, clasificada como de animación, que ocuparía el segundo). Actor, artista marcial, director, productor, guionista, cantante, doblador y empresario, Jackie Chan es también un icono cultural presente en canciones, videojuegos y series televisivas, capaz, junto con otros famosos artistas, de representar a China en la ceremonia de clausura de los Juegos Olímpicos de Pekín 2008 cantando *Hard to say goodbye (Es duro decir adiós)*.

Junto con Jackie Chan, aunque posterior en el tiempo, diferente en estilo y con una menor filmografía y presencia en otros ámbitos cinematográficos y del espectáculo, Jet Li (nacido en Pekín en 1963) es otra de las estrellas del cine de artes marciales que ha logrado un reconocimiento mundial. Antiguo campeón de wushu, Li se retiró tempranamente de la competición para iniciar su carrera de actor con *Shaolin Temple* (1982), a la que seguirían otras películas de corte histórico que consolidarían su fama de actor. Reclamado por Hollywood, se estrenó como el villano en *Arma Letal 4* (1998) y como protagonista en la exitosa *Romeo debe morir* (2000). En los últimos años, y a pesar de haber rechazado papeles en películas tan conocidas como la trilogía *Matrix* (2000 - 2003) o *Tigre y Dragón* (2000), Li ha protagonizado o participado en producciones de éxito como *Hero* (2002), *Fearless: sin miedo* (2006), *El reino prohibido* (2008, junto a Jackie Chan), o *La momia: la tumba del emperador dragón* (2008).

A principios del segundo milenio, un renovado estilo de películas *wu xia* alcanza un inusitado éxito, teniendo como punta de lanza la famosa y ya citada *Tigre y Dragón* (2000), del director taiwanés-estadounidense Ang Lee. Recogiendo la más exótica tradición de las películas de combates de espadas, *Tigre y Dragón* presenta una historia de amor ambientada en la China del siglo XIX, contando con un elenco de reconocidos actores orientales como Chow Yun-Fat o Michelle Yeoh, espectaculares escenarios, un cuidadísimo vestuario, y unas deslumbrantes escenas de combate que son una síntesis de ópera pekinesa, kung-fu y visión taoísta del mundo, todo ello acompañado por una magnífica banda sonora. El resultado fue una película impactante que, como recogen los profesores de la universidad baptista de Hong Kong Georgette Wang y Emilie Yueh-yu Yeh, a pesar de poder ser criticada —al igual que muchas otras— por recrear ciertos estereotipos y fantasías occidentales sobre China, en palabras de Ang Lee lo que pretendió fue «demostrar al mundo que las historias de artes marciales podían ser contadas con un sentido de belleza artística».

Tigre y Dragón fue aclamada internacionalmente tanto por la crítica —sus diez nominaciones y cuatro premios Oscar a la mejor película extranjera, mejor banda sonora, mejor fotografía y mejor dirección artística, y una larguísima lista de premios internacionales así lo avalan— como por los espectadores, que la han convertido en la película de habla no inglesa que por el momento ha recaudado más dinero en la historia del cine. Sin embargo ha de considerarse, como señalan los profesores de periodismo Huaiting Wu y Joseph Man Chan, que *Tigre y Dragón* mantiene diferencias significativas respecto a otras películas de artes marciales, puesto que ya desde su concepción se orientó como un proyecto para un mercado global, siendo realmente una coproducción entre Taiwan, China, Hong Kong y Estados Unidos —a pesar de que en los Oscar se considerase una obra taiwanesa—, donde los primeros aportaron respectivamente la crea-

Cartel de la película *Tigre y Dragón* (2000), del director taiwanés-estadounidense Ang Lee. La película, rodada en mandarín, está basada en la cuarta entrega de la *Pentalogía de la grulla de hierro*, del escritor de *wu xia* Wang Dulu (1909 - 1977), publicada por folletines durante la década de 1940. Wang Dulu es reconocido como uno de los fundadores del nuevo género de *wu xia*, al igual que *Tigre y Dragón* abrió un nuevo estilo de películas de kung-fu.

tividad, la fuerza de los actores y los escenarios, mientras que desde el gigante norteamericano se generaron los recursos financieros y de *marketing* que dieron soporte al proyecto.

En la misma línea que *Tigre y Dragón*, las exitosas películas del director chino Zhang Yimou *Hero* (2002) y *La casa de las dagas voladoras* (2004), ambas coproducidas en China y Hong Kong, poseen una calidad artística inusual para lo que había sido el género de artes marciales, con un espectacular tratamiento del color, escenarios de fábula y vibrantes escenas de combate. Autores como Zhang Xiaoling, de la universidad inglesa de Nottingham, añaden que Zhang Yimou, uno de los estandartes de la conocida como quinta generación de directores chinos, surgida tras la Revolución Cultural y caracterizada por sus ideas vanguardistas y por apartarse de las formas cinematográficas tradicionales chinas, rompe en estas películas algunas de las convenciones más asentadas en la tradición *wu xia*, que él interpreta incluso en un sentido político moderno. Así, si los cánones de esta tradición marcan como básica la pugna entre los héroes, justos y garantes del bien, y unos líderes malvados y corruptos, en *Hero* lo que se aprecia es el triunfo del cruel emperador, ante cuyos ideales de unificación y pacificación de territorios los protagonistas, particularmente el famoso Jet Li en su papel de Sin Nombre, deciden sacrificarse —¿una alegoría al sacrificio de los ideales vanguardistas, que muchos habían defendido en China hasta la década de 1990, en beneficio del Estado?—. Por su parte, en *La casa de las dagas voladoras* lo que se aprecia son unos personajes guiados por sus convicciones personales y no por grandes ideales, como reflejan las palabras de Zhang Yimou que recoge Zhang Xiaoling: «El concepto y el contenido desafían en gran medida la tradición ortodoxa de las películas de artes marciales. En las reglas de juego de las historias tradicionales el sentido de la justicia es algo indestructible, no puedes negarlo, no puedes desafiarlo. Pero aquí lo hemos hecho» —¿una denuncia a una nueva era marcada por el individualismo y la falta de compromiso político?

Por su parte, un buen número de las producciones chinas herederas de la tradición de películas de kung-fu a manos desnudas han seguido teniendo una buena acogida en los mercados occidentales, aunque hayan seguido cargando con el lastre de ser calificadas como excesivamente violentas y artísticamente pobres. *Fearless: sin miedo* (2006), una epopeya marcial ambientada a finales de la dinastía Qing, cuando China padecía la corrupción interna y el colonialismo de las potencias extranjeras, presenta a Jet Li en la piel del artista marcial Huo Yuanjia (c. 1868 - 1910), para reproducir de un modo bastante libre la vida de este personaje, como cabe esperar repleta de combates y caracterizada por la búsqueda de un fin filosófico que trascienda la violencia del combate. Tras su estreno, *Fearless* se convirtió en un éxito de taquilla, ocupando el sexto puesto en el ranking de películas de habla no inglesa que más dinero han recaudado hasta 2009. En su vertiente más cómica, *Kung-fu Sion* (2004) es una hilarante parodia del cine de artes marciales para la que se rescataron algunos de los más conocidos actores de las películas de kung-fu de los años setenta, dando como resultado un éxito de taquilla situado en el décimo puesto del ranking antes citado.

En definitiva, como señalaba el señor Ping, padre de Po (el panda protagonista de *Kung-fu Panda*), «para hacer que algo sea especial basta con creer que es especial», y el hecho de que la mirada del cine haya actuado sobre el kung-fu, y en general sobre las artes marciales, ha conducido a la idealización del mismo como poderosa herramienta de transformación personal, en la línea de lo apuntado por el profesor Sheng-mei Ma. El que esta transformación exija en realidad años de entrenamiento —cuando menos— se ve minimizado por las propias características del medio cinematográfico, obligado a condensar vidas enteras en un puñado de emocionantes minutos.

Bibliografía comentada

CHENG, Zongyou. *Shaolin gunfa chan zong* [*Exposición del método original de bastón Shaolin*]. Ke xue ji shu banshe. Shanxi, (c. 1610) 2006.

Reproducción del famoso manual del artista marcial Cheng Zongyou, considerado como el primero que desarrolla específicamente un estilo de combate del monasterio de Shaolin. El libro contiene el material original en caracteres chinos clásicos acompañados con ilustraciones; al margen se añade una traducción en caracteres chinos simplificados.

CLEMENTS, Jonathan. *Coxinga and the fall of the ming dynasty*. Sutton Publishing Limited. Inglaterra, 2004.

En esta obra se presenta de manera amena la historia de Zheng Chenggong —Coxinga— y su familia, incluyendo detalles de su vida personal, educación, campañas y su trágico final. Se añaden al libro un buen número de referencias bibliográficas para ayudar al interesado a profundizar en el estudio de este fascinante personaje.

FU, Poshek y DESSER, David (eds). *The cinema of Hong Kong: History, arts, identity*. Cambridge University Press. Cambridge, 2000.

Monografía imprescindible para conocer la génesis del «cine de kung-fu» –y por tanto, del género de cine de artes marciales–. Los editores reúnen más de veinte expertos para abordar desde una perspectiva histórica, artística y de identidad el cine de Hong Kong y su difusión a nivel internacional.

GELBER, Harry G. *El dragón y los demonios extranjeros. China y el mundo a lo largo de la historia*. RBA. Barcelona, 2008.

En este amplio trabajo se realiza un recorrido sobre las relaciones que ha mantenido China con otras naciones y pueblos desde el siglo II a. C. hasta la actualidad. Destaca particularmente la capacidad del autor por presentar una trama en la que se considera tanto la perspectiva china como la de los países extranjeros.

GRAFF, David A. y HIGHAM, Robin (eds.). *A military history of Chin*a. Westview Press. Boulder y Oxford, 2002.

Este trabajo presenta de un modo global y accesible para el gran público —aunque no por ello carente de rigor— la historia militar de China, desde el año 2000 a. C. hasta el nacimiento de la República Popular China. Dado su carácter comprensivo, el lector interesado en determinados periodos echará de menos una mayor profundización, que no obstante podrá completar con la amplia bibliografía citada por los autores.

GREEN, A. Thomas (ed.). *Martial arts of the world. An encyclopedia. Vols. I & II*. ABC CLIO. Santa Bárbara (California), 2001.

Obra interesante para todos aquellos que deseen obtener una visión general sobre las artes marciales

—además, no restringida a las artes marciales asiáticas— desde la perspectiva de las humanidades y ciencias sociales. Colaboran en ella reconocidos expertos en estudios marciales, principalmente estadounidenses. Las entradas relativas a las artes marciales chinas están realizadas principalmente por autores del prestigio de Stanley E. Henning o el propio Thomas A. Green.

HAAR, Barend J. *Ritual & mythology of the chinese triads, creating and identity*. Koninklijke Brill. Leiden (Holanda), 1998.
En este libro el autor utiliza fuentes primarias y secundarias para profundizar en el estudio de la creación, motivaciones, rituales y mitología de las sociedades secretas conocidas como triadas y su lugar en el contexto de la sociedad china.

HUANGFU, Jiang. *Iron and steel swords of China*. Ming Tian Publishing House. Jinan, 2007.
Libro en chino bellamente ilustrado con más de dos mil fotografías y dibujos a color en el que se describe la evolución de las armas blancas en China, prestando una especial atención a los sables y espadas. Además de sus aspectos materiales (metales empleados, formas, decoración, etc.), la obra describe la utilización y el simbolismo de la espada en la cultura china.

HUNT, Leon. *Kung-fu cult masters. From Bruce Lee to Crouching Tiger*. Wallflower Press. Londres, 2003.
Obra de referencia en la que se recorre la historia del cine de kung-fu, desde su impacto en Occidente, en la primera mitad de la década de los setenta, hasta la actualidad. Además de las diferentes tipologías de películas de kung-fu, temáticas y estrellas, el autor analiza otros interesantes aspectos como el debate respecto a la

autenticidad de las artes marciales mostradas en la gran pantalla o la mitología asociada al monasterio de Shaolin.

KANG, Gewu. *The Spring and autumn of chinese martial arts, 5000 years*. Plum Publications. California, 1995.

Uno de los primeros libros sobre historia de las artes marciales chinas traducidos al inglés. En él se presenta de un modo global la historia de las artes marciales chinas, desde la edad de piedra hasta el siglo XX. Como elementos de crítica, el enlace de los contenidos no está bien logrado para amenizar la lectura, y en la traducción del original en chino se han deslizado algunos errores en las referencias históricas.

KENNEDY, Brian & GUO, Elizabeth. *Chinese martial arts training manuals*. North Atlantic Books. Berkeley (California), 2005.

Una amena obra dividida en dos partes. En la primera se destacan diversos aspectos históricos, cuestionando un gran número de creencias populares asociadas al kung-fu y destacando los principales investigadores que desde una perspectiva histórica se han dedicado a su estudio. En la segunda parte se incluye información general, acompañada de ilustraciones, de casi medio centenar de los más famosos manuales de entrenamiento chinos.

LIN, Bo Yuen. *Zhongguo wu shu shi* [*Chinese martial arts history*]. Wu Zhou Publishing House. Taipei, 1996.

Una de las obras que estudia con bastante detalle y rigor el desarrollo histórico de las artes marciales chinas. Publicada en chino, su autor es reconocido local e internacionalmente como una fuente seria y confiable.

MA, Mingda. *Shuo jian cong gao* [*Discursos de la espada: Colección de manuscritos*]. Lanzhou da xue chu ban she. Lanzhou, 2000.
En esta obra en chino se recopilan una gran cantidad de artículos escritos por uno de los mas influyentes estudiosos de las artes marciales chinas. En estos artículos se tratan temas como la práctica marcial en la China antigua, armas (espada, sable, bastón, etc.), estilos pertenecientes a minorías étnicas como los *hui*, *zhuang*, etc.

MA, Mingda. *Wu xue tan zhen* [*Buscando los hechos en los estudios marciales*]. Yi wen chu ban you xian gong si. Taibei Shi, 2003.
Al igual que en la obra anterior, en este trabajo también en chino se recogen numerosos artículos del profesor Ma. Entre otros aspectos, se estudia la práctica marcial en las dinastías Song y Ming, los exámenes imperiales, o se citan diversos datos biográficos de algunas personalidades que han influido en la práctica marcial en China y Taiwán.

MIYAZAKI, Ichisada (trad. Conrad Schirokauer). *China's examination hell. The civil service examinations of imperial China*. Weatherhill. Nueva York, 1976.
En este libro, ya clásico, se describen detalladamente las características y exigencias propias del sistema de exámenes imperiales civiles chinos. Aunque de un modo mucho más resumido, también se describe el sistema de exámenes imperiales militares.

MORRIS, Andrew D. *Marrow of the nation: A history of sport and physical culture in republican China*. University of California Press. Berkeley, California, 2004.
Una excelente obra en la que se analiza la introducción y desarrollo del deporte moderno en la China

republicana, así como las influencias mutuas que este mantuvo con los ámbitos social, político y cultural. En una de las secciones se incluyen diversos detalles sobre la Academia Nacional de Habilidades Nacionales.

PALMER, Bill; PALMER, Karen; MEYERS, Ric. *The encyclopedia of martial arts movies*. The Scarecrow Press. Laham, Maryland y Oxford, 2003.

En este trabajo se recogen tres mil doscientas ochenta y una referencias de películas de artes marciales. El contenido de cada referencia es muy variable, dependiendo del acceso que han tenido los autores a cada película y la calidad que estos le han asignado. En muchas de las referencias, además de los datos identificativos básicos, se añade un resumen de la película.

PETERSON, Bennett Barbara (ed. ppal.). *Notable women of China: Shang dynasty to the early twentieth century*. M. E. Sharpe. Armonk (Nueva York), 2000.

Colección de datos biográficos de mujeres famosas en la historia China, entre las que figuran personajes notables de la historia de las artes marciales como la emperatriz Wu Zetian, la Dama Gonsung y la rebelde Wang Cong'er, entre otras muchas.

QI, Jiguang (edic. de Ma Mingda). *Jixiao xinshu* [*Libro de disciplina efectiva*]. Renmin Tiyu Chubanshe. Beijing, (1560) 1988.

Edición en chino del famoso manual de entrenamiento *Libro de disciplina efectiva* del general Qi Jiguang, realizada por el profesor Ma Mingda. Se trata de una de las ediciones más completas del trabajo de Qi, en la que se incluyen secciones que habían sido eliminadas en diversas reediciones del original.

CHONG, Yu Sen. *Zhongyang guoshuguan shi* [*La historia de la Academia Central de Habilidades Nacionales*]. Huang Shang Shu She. Hefei Shi, 1996.
Uno de los pocos libros existentes publicados en China que recoge la actividad de la Academia Central de Artes Nacionales. En él se recopila bastante información sobre el nacimiento de la Academia, sus impulsores y actividades.

ROVERE, Dennis A. y CHOW, Hon Huen. *The xingyi quan of the chinese army*. Blue Snake Books. Berkeley (California), 2008.
Edición en inglés del libro *Xing yi quan xie jiao fan* [*Instrucción de xing yi a mano vacía y con armas*], escrito en 1928 por Huang Bo Nian. En la obra de Rovere y Chow se incluyen las fotografías originales y fotografías modernas para mostrar detalles que se escapan en el original. También incluyen algunas aplicaciones que Huang no incluyó en el manual original.

SHAHAR, Meir. *The shaolin monastery history, religion and the chinese martial arts*. University of Hawaii Press. Honolulu, 2008.
Excelente estudio sobre el monasterio de Shaolin, uno de los lugares míticos del kung-fu, en el que de un modo riguroso el autor desentraña la historia del monasterio y el proceso de formación y consolidación de sus leyendas a la luz de la evidencia histórica. La obra recorre desde la creación del monasterio hasta principios del s. XX.

SHI, Nian y LUO, Guanzhou (trad. Sidney Shapiro). *Outlaws of the marsh*. Foreign Language Press. Beijing, 1995.
Traducción al inglés de la famosa novela *Los bandidos del pantano*, que relata las aventuras y desven-

turas de ciento ocho proscritos que se ven forzados a pelear contra los oficiales corruptos de la corte Song.

SMITH, Robert W. *Chinese boxing masters and methods.* North Atlantic Books. Berkeley (California), 1974.

Una de las primeras reseñas bibliográficas sobre un gran número de maestros de kung-fu que vivían en la isla de Taiwán en las décadas del sesenta y del setenta, escrita por Robert W. Smith, una autoridad en la materia y uno de los primeros occidentales que vivió y entrenó artes marciales en Taiwán y Japón.

SUN, Lu Tang (trad. Liu, Albert, ed. Miller, Dan). *Xing yi quan xue, the study of form-mind boxing.* High View Publications. California, 1993.

Traducción del libro *Xingyiquan xue* (*Estudio de la forma del boxeo de la mente*), publicado por Sun Lu Tang, creador del estilo Sun de taijiquan, en 1915. En esta edición se incluye material adicional acerca de Sun Lutang.

WILE, Douglas. *Lost T'ai-chi classics from the late Ch'ing dynasty.* State University of New York Press. Nueva York, 1996.

Traducción al inglés de diversos manuscritos escritos durante la dinastía Qing relacionados con el taijiquan. Además de las traducciones, el autor contextualiza e interpreta los textos para iluminar la tan mitificada historia del taijiquan.

WILE, Douglas. *T'ai-chi's ancestors, the making of an internal martial art.* Sweet Ch'I Press. Nueva York, 1999.

En la línea de su anterior estudio, en esta obra Douglas Wile traduce al inglés, contextualiza, interpreta y comenta cuatro manuscritos redactados entre los siglos XVI y XVIII que influyeron de manera técnica o filosófica a la creación del taijiquan.

YANG, Hong. *Weapons in ancient China*. Science Press. Nueva York, Beijing, 1992.
En esta excelente obra se describe detalladamente la evolución cronológica de las armas blancas en China, desde la prehistoria hasta el predominio de las armas de fuego. Incluye aspectos relativos a la metalurgia, diseño, etc., todo ello acompañado de numerosas fotografías.

ZHANG, Daming. *The stories behind the long corridor paintings at the Summer Palace*. New World Press. Beijing, 2002.
Catálogo en el que se incluyen las fotografías y una breve reseña que narra la fuente de inspiración –novelas de caballería y hechos históricos– de las hermosas pinturas que decoran el Corredor Largo del Palacio de Verano de Pekín.

ZHENG, Xu (ed.). *Ming Zu Chuan Tong Ti Yu Fa Zhan Lun Ji. Er Shi Yi Shi Ji Ming Zu Chuan Tong Ti Yu Fa Zhan Guo Ji Xue Shu Yuan Jiu Hui Wen Ji*. [*Colección para el desarrollo de deportes tradicionales nacionales. Colección de estudios e investigaciones nacionales para el desarrollo nacional de los deportes tradicionales en el siglo XXI*]. Shanghai gu ji chu ban she. Shanghai, 2007.
Colección de artículos en chino relacionados con el kung-fu, comprendiendo temáticas tan variadas como diseños de armas para la práctica del manejo de lanza, explicación de expresiones marciales en Taiwán, o crítica de la práctica del kung-fu en el siglo XX, entre otros.

Bibliografía

ACEVEDO, William; CHEUNG, Mei y HOOD, Brenda. «A life time dedicated to the martial traditions. An interview with professor Ma Mingda». *Kung-fu Taichi Magazine*. Nov/Dic 2008, pp. 76-80.

ARIAS, Enrique. «Orientalismo en el arte español del siglo XIX». En *Actas de las conferencias Encuentro Cultural España-Japón* (pp. 9-54). Sociedad Hispánica del Japón. Tokio, 1993.

CCTV 7. *Jun Shi Ji Shi, Ji Nian Chang Cheng Kang Zhan Qi Shi Wu Zhou Nian* [*75° Aniversario de la Defensa de la Gran Muralla*] [Documental]. CCTV 7, 2008.

CHEN, Yuen Kuai. «Long wei zhan jiang, Yu Dayou». [«Yu Dayou, poderoso general y valiente dragón»]. Taiwán. *Wu Lin*, yi wen chu ban she, 2003-2004, pp.44-48.

CHI, His-sheng. *Warlord politics in China*. Stanford University Press. Stanford (California), 1976.

DAIZEN, Victoria B. *Zen at war*. Rowman & Littlefield Publishers. Maryland, 2006.

DESSER, David. «The Kung-fu craze: Hong Kong cinema's first american reception». En Poshek Fu y David Desser, *The Cinema of Hong Kong: History, arts, identity* (pp. 19-43). Cambridge University Press. Cambridge, 2000.

DOLE, Arthur. «The New Age movement: Fad or menace?». *Cultic Studies Journal*, 7(1), 1990, pp. 69-91.

DOHRENWEND, Robert E. «La lanza: un arma efectiva desde la antigüedad». *Revista de Artes Marciales Asiáticas*, 2(2), 2007, pp. 8-35.

ELLERTON, Allan. «Fu Shu Yun, one of China's top wushu experts who performed at the 1936 Olympic Games». Disponible en: http://www.chinesemartialarts.eu/FU%20SHU-YUN.html. [Consulta: 10/08/2009].

GOODRICH, Luther C. y FANG, Zhaoying. *Dictionary of ming biography, 1368-1644*. Columbia University Press. Nueva York, 1976.

GRAFF, A. David. «Dou Jiande's dilemma: Logistics, strategy, and state formation in seventh-century China». En Hans J. Van de Ven (ed.), *Warfare in Chinese History* (pp. 77-105). BRILL. Boston, 2000.

HENNING, Stanley E. «Academia Encounters the Chinese Martial Arts». *China Review International*, 6(2), 1999, pp. 319-332.

HENNING, Stanley E. «Chinese Boxing, The Internal Versus External Schools in the Light of History & Theory». *Journal of Asian Martial Arts*, 6 (3), 1997, pp. 10-19.

HENNING, Stanley E. «Chinese Boxing's Ironic Odyssey». *Journal of Asian Martial Arts*, 8 (3), 1999, pp. 8-17.

HENNING, Stanley E. «El general chino Yue Fei: hechos, relatos y misterios de las artes marciales». *Revista de Artes Marciales Asiáticas*, 2 (1), 2007, pp. 50-55.

HENNING, Stanley E. «La Doncella de Yue: fuente de la teoría de las artes marciales chinas». *Revista de Artes Marciales Asiáticas*, 2 (4), 2007, pp. 50-53.

HENNING, Stanley E. «La nueva ola china de eruditos de las artes marciales». *Revista de Artes Marciales Asiáticas*, 1 (3), 2006, pp. 8-21.

HENNING, Stanley E. «Martial Arts Myths of Shaolin Monastery. Part I: The Giant with The Flaming Staff». *The Chen Journal*, 15 (1), 1999, pp. 1-2.

HENNING, Stanley E. «Southern Fists & Northern Legs, The Geography of Chinese Boxing». *Journal of Asian Martial Arts*, 7 (3), 1998, pp. 24-31.

HENNING, Stanley E. «The Chinese Martial Arts in Historical Perspective». *Military Affairs*, 45 (4), 1981, pp. 173-179.

HENNING, Stanley E. «Thoughts on the Origins and Transmission to Okinawa of Yongchun Boxing». *Classical Fighting Arts*, 2 (15), 2009, pp. 42-47.

HENNING, Stanley E. «What's in a Name, The Etymology of Chinese Boxing». *Journal of Asian Martial Arts*, 10 (4), 2006, pp. 8-19.

HOLCOMBE, Charles. «Theater of Combat: A critical look at the Chinese martial arts». *Historian*, 52 (3), 1990, 411-431.

HUANG, Ray. *1587 A Year of No Significance. The Ming Dynasty in Decline*. Yale University Press. New Haven, 1981.

KAPLAN, Edward Harold. *Yue Fei and the Founding of the Southern Sung* [Tesis doctoral]. Ann Arbor: University Microfilms International, 1970.

LIU, Jinsheng. & ZHAO, Jiang. (trad. Tim Cartmell). *Chin Na Fa Traditional Chinese Submission Grappling*. Blue Snake Books. Berkeley (California), 2007.

LIU, T'ieh-yun (trad. Shadick Harold). *The Travels of Lao Ts'an*. Columbia University Press. Nueva York, 1990.

LUO YING, Yan Hua (dir.). *New Frontiers, Chinese Kung-fu Series* [Documental]. CCTV International, 2008-2009.

MA, Mingda. «Reconstructing China's Indigenous Physical Culture». *Journal of Chinese Martial Studies*, 1(1), 2009, pp. 8-31.

MA, Sheng-mei. «Yellow Kung-fu and Black Jokes». *Television New Media,* 1(2), 2000, pp. 239-244.

MAMORU, Tonami (trad. P. Herbert). *The Shaolin Monastery Stele on Mount Song.* Italian School of East Asian Studies. Kyoto, 1990.

MILLER, Dan. «Jiang Hao-Quan and Ch'uan Shih Pa Kua Chang». *Pa Kua Chang Journal*, 2(4), 1992, pp. 1, 3-10.

MIZHOU, Hui. «The legendary story of Chinese military martial arts in the 1969 Sino-Soviet border wars». Disponible en: http://combatmachine.tripod.com/kemp05_e.htm. [Consulta: 10/05/2009].

PARK, Kwi Soon, «Study on the Historical Exchanges in Martial Arts between Korea, China and Japan since the 16th Century: Comparison between the "Jixiao - Xinshu", "Heiho - hidensho" and "Bujutsu-hayamanabi", "Muye-dobo-tongji» [Thesis dissertation abstract]. *Kanazawa University Repository for Academic Resources*, 2006, pp. 53-59.

PEGG, A. Richard. «Chinese Sword & Brush Masters of The Tang Dynasty (618-906)». *Journal of Asian Martial Arts*, 10(3), 2001, pp. 24-35.

PÉREZ, Mikel y GUTIÉRREZ, Carlos. *100 años de artes marciales: repertorio bibliográfico de monografías publicadas en España (1906-2006).* Universidad de León. León, 2008.

PILATO, Herbie J. *La sabiduría del Kung-fu. Sabios consejos de la serie original de televisión*. Obelisco. Barcelona, 1999.

RICHTER, Friedrich (ed.). *The XIth Olympic Games Berlin, 1936. Official Report, Volume II*. Wilhelm Limperty. Berlín, 1936.

RODAO, Florentino. *Franco y el imperio japonés*. Plaza Janés. Barcelona, 2002.

ROSS, David A. «A Brief History of Gong Fu/Kung-fu». Disponible en http://www.shaolinwhitecrane-kungfu.com/library/pdf/zhen_wei_academy.pdf. [Consulta: 30/10/2008].

SANG, H. Kim (trad.) *Muye Dobo Tongji, The Comprehensive Illustrated Manual of Martial Arts of Ancient Korea*. Turtle Press. Hartford (Connecticut), (1789) 2000.

SEIDEL, Anna. «*A Taoist Immortal of the Late Ming Dynasty: Chang San-feng*». En William T. de Bary and The Conference on Ming Thought, *Self and Society in Ming Thought* (pp. 483-531). Columbia University Press. Nueva York, 1970.

SHERIDAN, E. J. *Chinese Warlord, The Career of Feng Yu-hsiang*. Standford University Press. Stanford (California), 1966.

SNOW, Edgar. *Red Star Over China*. Grove Press. Nueva York, 1938.

SPIESSBACH, Michael F. «Meditating Monk, Martial Arts Master or Make-Believe?». *Journal of Asian Martial Arts*, 1 (4), 1992, pp. 10-26.

TEO, Stephen. «The 1970s: Movement and Transition». En Poshek Fu y David Desser, *The Cinema of Hong Kong: History, Arts, Identity* (pp. 90-110). Cambridge University Press. Cambridge, 2000.

THEEBOOM, Marc y DE KNOP, Paul. «An Analysis of the Development of Wushu». *International Review for the Sociology of Sport*, 32 (3), 1997, pp. 267-282.

TSE-TUNG, Mao «Tiyu zhi yonjiu» [«A study of physical education»]. *Hsin ching nein*, primavera de 1917. Disponible en: http://www.marxists.org/reference/archive/mao/selected-works/volume-6/mswv6_01.htm. [Consulta: 09/05/2009].

WANG, Georgette y YUEH-YU YEH, Emilie. «Globalization and hybridization in cultural products: The cases of Mulan and Crouching Tiger, Hidden Dragon». *International Journal of Cultural Studies*, 8 (2), 2005, pp. 175-193.

WU, Huaiting y MAN CHAN, Joseph. «Globalizing Chinese martial arts cinema: the global-local alliance and the production of Crouching Tiger, Hidden Dragon». *Media Culture Society*, 29 (2), 2007, 195-217.

YANG, Ying. «Rewriting the Martial Arts Movie in the Global Era: A Study of Crouching Tiger, Hidden Dragon». Ponencia presentada en el *Asia Culture Forum 2006 – Wither the Orient: Asians in Asian and Non-Asian Cinemas*. Gwangju (Corea), 26 - 29 de octubre de 2006. Disponible en http://www.cct.go.kr/data/acf2006/cinema/cinema

-Session%201%20-%20Yang.pdf. [Consulta: 03/05/2007].

YOUNG, Nic (dir.). *Behind the Great Wall* [Documental]. Discovery Channel, 2007.

ZHANG, Xiaoling. «The Death of Heroes in China». *China Information*, 22(1), 2008, pp. 119-137.

Apéndice 1
Gobiernos en la historia de China

CHINA ANTIGUA

Dinastía Xia	c. 2100 - 1600 a. C.
Dinastía Shang	c. 1600 - 1100 a. C.
Dinastía Zhou	
Dinastía Zhou del Oeste	c. 1100 - 771 a. C.
Dinastía Zhou del Este	770 - 256 a. C.
Periodo de Primavera y Otoño	770 - 476 a. C.
Periodo de los Reinos Combatientes	476 - 221 a. C.

CHINA IMPERIAL

Dinastía Qin	221 - 206 a. C.
Dinastía Han	
Han del Oeste	206 a. C. - 24 d. C.
Han del Este	25 - 220 d. C.
Tres Reinos	
Wei	220 - 265
Shu	221 - 263
Wu	222 - 280

Dinastía Jin del Oeste	265 - 316
Dinastía Jin del Este	317 - 420
Dinastías del Sur y Norte	
Sur	
Song	420 - 479
Qi	479 - 502
Liang	502 - 577
Chen	557 - 589
Norte	
Wei del Norte	386 - 534
Wei del Este	534 - 550
Qi del Norte	550 - 577
Wei del Oeste	535 - 556
Zhou del Norte	557 - 581
Dinastía Sui	581 - 618
Dinastía Tang	618 - 907
Cinco Dinastías	
Liang	907 - 923
Tang	928 - 936
Jin	936 - 946
Han	947 - 950
Zhou	951 - 960
Dinastía Song	
Song del Norte	960 - 1127
Song del Sur	1127 - 1279
Dinastía Liao	907 - 1125
Dinastía Jin	1115 - 1234
Dinastía Yuan	1271 - 1368
Dinastía Ming	1368 - 1644
Dinastía Qing	1644 - 1911

CHINA MODERNA

Republica China	1912 - 1949
Republica Popular China	1949 - Actualidad

Apéndice 2
Mapa de China

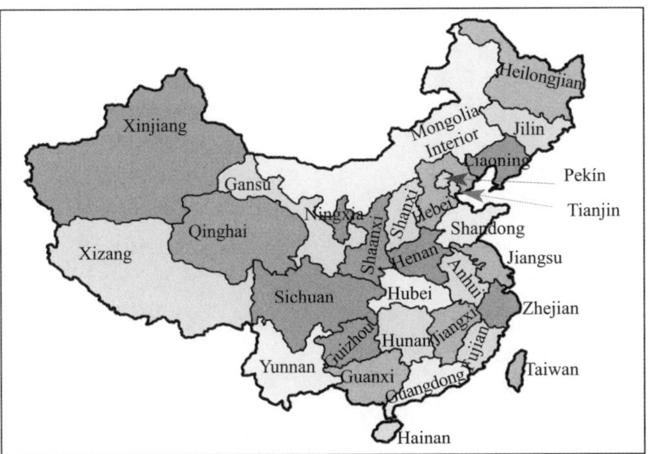

A lo largo de su historia, el territorio que hoy conocemos como China ha servido para el asentamiento de numerosos pueblos y civilizaciones. No obstante, la historia china en sí, asociada fundamentalmente a la etnia de los han, se desarrolló en gran medida en un territorio mucho más reducido, en el sudeste de la China actual. Durante las dinastías Yuan y Qing China logra su mayor extensión territorial, superando incluso la que presenta hoy en día.